「やさしい日本語」で伝わる！

公務員のための

外国人対応

岩田一成・栁田直美

学陽書房

JN021723

はじめに

「一生懸命説明しているのに、相手に伝わっていない気がする」
「なぜか相手が不満な表情をしていることがある」

　自治体の窓口を訪れる外国人に対応していて、こんな思いを抱いた経験はありませんか？
　私たちは、丁寧に話そうと意識しすぎて冷たい印象になったり、正確さを求めるあまり話が複雑になったり、なんてことがよくあります。こうしたコミュニケーション上の問題点に注目して、自治体における好印象で伝わりやすい外国人対応を考えてみたいというのが本書のねらいです。

　横浜市が公開している「職員に対する市民からの意見」では、その内容が「話し方・態度」「案内・説明の不足や誤り」で全体の過半数を占めています。市民の皆さんは、窓口の職員さんとのコミュニケーションをかなり厳しく見ているのです。これには時代の流れも関わっており、「NHKは外来語が多すぎて苦痛を感じる」なんていう訴訟が起こるほど、言葉の問題（わかりにくさ）に敏感になっている現状があります。

　本書では「わかりやすさ」を軸にさまざまなノウハウを公開しますが、その際に持ち込むのは外国人の視点です。**日本語能力が完ぺきではない彼らに対してわかりやすい対応を心がければ、高齢者、障がい者などを含めた、すべての人々にとってわかりやすいものになる**でしょう。
　日ごろから外国人への日本語教育に関わり、コミュニケーションのあり方を研究している私たちは、研究成果を基に具体的な提案を行いたいと思っています。

2020年8月、文化庁と法務省が連携して、「やさしい日本語」の中でも特に書き言葉に焦点を当てた「在留支援のためのやさしい日本語ガイドライン」を公開しました。また、2年前から文化審議会国語分科会の国語課題小委員会では、公用文のあり方が議題に上がっています。アメリカの例を見ても、まずは書き言葉から法整備（ルールの策定）が進んでいくことでしょう。

　その次に、間違いなく行政関係者の話し言葉、特に窓口対応がターゲットになると思います。**外国人労働者の受け入れに舵を切った日本は、外国籍住民とのやりとりが増え、今のままでは対応できなくなってしまうから**です。「やさしい日本語」は、公務員の基本的なスキルになるでしょうし、相手へのマナーとして重要度は増すばかりです。

　本書は、最初から順に通読してもらうことを期待していますが、お忙しい方はまず第3章を読んでください。口頭表現練習（話し言葉を見直して改善すること）の難しいところは、本書のポイントを理解してもすぐに対応が変わるわけではないという点です。頭ではわかっても体はすぐに動かないのです。ただ、頭の中でちょっと意識してもらうだけで、自分の対応が分析できるようになります。

　まずは自分のコミュニケーションを分析するところから、すべては始まりますよ。

2020年9月

岩田一成・柳田直美

CONTENTS

第6章 使ってみよう！「やさしい日本語」のための便利なツール

COLUMN

第 **1** 章

「やさしい日本語」を
始めよう

1 「やさしい日本語」って何？

多文化共生社会のマナーです

「やさしい日本語」とは

　「やさしい日本語」は日本語を母語としない方にもわかるように、日本語母語話者が調整して話す（書く）日本語のことで、わかりやすい日本語のことです。島国在住の日本人は、日本語話者同士でコミュニケーションをとることが多いのですが、そういう場合は、慣用句を多用しても複雑な言い回しをしても伝わります。ところが相手が日本語を母語としない場合は、これまでと同じでは伝わりません。**「やさしい日本語」は、これからの多文化共生社会に向けたマナー**です。

「やさしい日本語」の効果

　日本には約 273 万人（2018 年末現在）の在住外国人がいらっしゃり、その多くの人が日本語を話せると答えています。日本にいる外国人は、中国、韓国、ベトナム、フィリピン、ブラジルの方が上位ですが[1]、日本語でコミュニケーションをとっていることが多く、**日本語の伝達効率はかなり高い**ことがわかっています。

　国立国語研究所の全国調査（2009 年）では、62.6％の人は日本語ができると答えています[2]。2016 年に法務省の委託で 37 都市の調査を行っていますが、80％以上の人が日常会話以上の日本語ができると答えています[3]。

　日本語の伝達効率が高いといっても、やはり日本語が母語ではない人への配慮があると格段に伝わりやすくなります。具体的には、**「頭部を保護してください」という表現を「帽子をかぶってください」と言い換えるだけで、留学生の理解率が 10.9％から 95.2％に上がる**というデータも出ています[4]。私たち日本語母語話者のさじ加減（言語学用語では「言語

8

調整」といいます）一つでずいぶんとコミュニケーションが変わるのですね。

　在住外国人が読みやすい文字はひらがなです。文化庁の 2001 年の調査[5]では、「平仮名が読める」（84.3％）に対し「ローマ字が読める」（51.5％）、「漢字が少し読める」（48.5％）とひらがなが優勢です。紙にメモなどを書く場合、「やさしい日本語」をひらがなで書いて渡しましょう。

■「やさしい日本語」が普及するきっかけ

　「やさしい日本語」の歴史は浅く、**普及のきっかけは 90 年代の阪神大震災**です。阪神大震災では、死者や負傷者の割合が、外国人において格段に高かったのですが、その原因の一つがコミュニケーションの困難さであったと言われています。災害という非日常場面になるとコミュニケーションの問題が顕在化するのです。街がしっかり機能しているときは、だまっていても買い物したり電車に乗ったりできます。一方、災害が起こると、どこで食べ物がもらえるのか、街から出たいときはどんな方法があるのか、誰かから情報を得なければ何もできません。

　そんな状況で、英語がそれほどうまく伝わらないことが明らかになりました。日本語もそのままでは伝わりにくいのですが、**わかりやすく言い換えればかなり伝わる**ことがわかりました。今や災害時に限らず日常的な情報伝達に使おうという意識が多くの自治体に共有されるようになり、自治体の窓口でも「やさしい日本語」研修がさかんに行われるようになっています。

　自治体の動きを後追いする形で国も動き出しました。国が 2019 年に出した『外国人材の受入れ・共生のための総合的対応策（改訂）』[6]では、やさしい日本語を含む 14 言語による情報発信が記されています。まさに「やさしい日本語」は重要なキーワードなのです。

2 「やさしい日本語」のメリット

コスト軽減、ユニバーサルコミュニケーションとしての汎用性

「やさしい日本語」でコストを軽減

「やさしい日本語」というと、外国人のためのサービスと思われるかもしれません。でも、実際は、日本人にとってもさまざまなメリットがあります。その一つが「コストの軽減」です。前項でも述べましたが、日本社会において、日本語は非常に伝達効率のよい言語です。やさしい日本語を使うことで、多くの外国人にも情報を伝達することができ、コストを下げることができるのです。

日本には 2019 年 6 月末現在、195 か国・地域出身の外国人が暮らしています[7]。例えば国が指定する 14 言語（123 頁に一覧あり）を窓口で扱えるようにするとしたら、どれだけのコストがかかることでしょう。

もちろん、翻訳者・通訳者を介さなければならない場面は必ず存在します。人命にかかわること、税金や健康保険などの金銭にかかわることなどは、正確かつ厳密な情報伝達が求められます。

大事なときに翻訳者・通訳者を有効に活用するためにも、**ある程度のことならやさしい日本語で対応できる体制を築いておくことが大切**ではないでしょうか。

ユニバーサルデザインとしての「やさしい日本語」

ユニバーサルデザインはお役所言葉としてもよく使われますが、ここでは「すべての人のためのデザイン」という意味で使っておきます。これは、製品、建物、空間などを年齢や障がいの有無、体格、性別、国籍などにかかわらず、最初からできるだけ多くの人が理解可能・利用可能であるようにデザインすることをいいます。

やさしい日本語は、ユニバーサルデザインの観点からも有効だといえ

ます。なぜなら、**日本語に精通していない外国人にもわかるように日本語で話して（書いて）理解してもらえれば、結果的に、どんな人でも理解できる日本語になる**からです。

　自治体職員を対象にやさしい日本語の研修を行うと、必ずと言っていいほど研修終了後、参加者の方から、「やさしい日本語は外国人対応だけの技術ではないですね」と言われます。実は、ご高齢の方や障がいのある方への対応でも、ポイントは共通するのです。

　やさしい日本語は、ユニバーサルデザインの考え方と同様、年齢や障がいの有無、国籍などにかかわらず、ご高齢の方、知的障がいを持った方、ろう者の方などへの情報提供の方法としても、有効な手段です[8]。つまり、やさしい日本語が使えるようになることは、外国人という一部のターゲットではなく、多くの住民へのサービスにつながるのです。

■「やさしい日本語」で外国人が怖くなくなる

　やさしい日本語の研修を行うときは、外国人住民の方に入っていただくこともあります。外国人住民の方の体験を聴いたり、実際にやさしい日本語で話してみたりすることが目的なのですが、研修が終わると、「外国人の方って、案外日本語が通じるんですね」「外国人の方って、怖くないんですね」とおっしゃる方が、必ずと言っていいほどいらっしゃいます。

　筆者は二人とも日本語教師です。ふだんから外国人に接することが多いので、「外国人は日本語が通じない」とか「外国人は怖い」というような感覚を忘れてしまっているのですが、そのような声を聴くと、「ああ、そうか。知らないものは怖いし、不安だよね」と思わされます。だからこそ、本書を通して、やさしい日本語で外国人と意思疎通ができるスキルを身につけていただきたいと思っています。やさしい日本語が通じる経験を何度かすることで、今お持ちの不安はきっと減っていきます。

3 「英語でいいじゃん！」との戦い

国際語の伝達効率はどれくらいなのか？

英語を過信しないでください

　各国に英語話者はどれくらいいるのでしょうか。ランダムサンプリングによるデータ収集では、「イギリスやアメリカの植民地以外は英語ができる人の割合は変わらない」という結果が出ています[9]。つまり日本人と中国人、韓国人、イタリア人などは英語力という点においてあまり変わらないのです。想像してみてください。街を歩いている日本人に向かって英語を使ったら、いったい何人が英語で返してくれるでしょうか。その確率は統計上イタリア人もあまり変わらないのです。

　在住外国人の調査では英語ができると答えた人は約20～40％で、自治体によって数字は異なりますが、半分にも満たないのです（静岡県15.9％[10]、横浜市38.7％[11]）。英語の伝達効率はその程度だという認識は必要でしょう。日本語なら6割以上の人に伝わります（8頁参照）。ちなみに、横浜市にある地球市民かながわプラザ（あーすぷらざ）は外国人教育相談を行っていますが、電話対応している言語は、日本語、タガログ語、ポルトガル語、中国語、スペイン語しかありません。「英語がないんですね？」と聞いたら、「あまり需要がないんです」という答えでした。

　英語がメジャー言語であることと各地域で最適の言語であることは別物です。その辺のコミュニケーションの仕組みを頭において外国人対応に臨みましょう。

英語関連トラブル

　英語ができる外国人は、その多くが英語を母語としていません。そういう人と話してみると、英語で話しかけられることを必ずしも快くは

思っていないことがわかります。「ドイツ人にとって、『サンキュー』は、日本人に『謝謝』というのと同じで、意味はわかるとしても自分の言葉ではないので特にうれしく感じることもないのです」なんていう指摘もあります[12]。

　また、日本社会には英語ができない人もいるわけで、そういう人は嫌な思いをします。特に南米から来日する日系人が増えた90年代から不満の報告が目につきます。ブラジルやペルーには顔立ちが欧米人のような日系人もいらっしゃいますが、彼らは英語話者ではありません。

　日本語を学習している人にとっては当然、英語など話したくはないでしょう。『ダーリンは外国人』『日本人の知らない日本語』(ともにメディアファクトリー)といったコミックエッセイには、「日本語で話しかけても日本人は日本語を話してくれない」と言って嘆く英語話者が出てきます。「どうやったら日本人が日本語を話してくれるのか」なんていう議論までしており、大変興味深いところです。

　「もっと日本語で会話をしたい」と思っている人がいるという想像力が外国人対応には求められています。もちろん相手が最初から英語を望んでいる場合は別ですが。

4 窓口対応を見直してみよう

自治体外国人住民調査からわかる不安感

外国人は困っています

　多くの自治体は外国人住民調査を行っており、その結果、病院と行政窓口は、外国人が困っている場所ランキングの常連です。例えば2017年の愛知県の調査では、「日本語で困る場面」のトップは、「病気になったとき」（28.3%）で「市役所や区役所の窓口で」（18.2%）が続きます[13]。

　この結果を裏返せば、病院と行政窓口が同じくらい生活にとって重要な場所であるということになります。行政窓口に来て各種手続きや情報収集を行うことが、外国人にとって重要な意味を持つのです。困りごとの中身を見てみると、「書類の書式が難しい」と並び「職員の説明が難しい」が上位にきます。

　早くから多文化共生に取り組んでいる自治体でも、外国人住民は自治体の手続きに困難を抱えているようです。川崎市が2015年に公開した報告書では、80%以上が「役所での外国人市民への対応の整備」「職員の外国人市民への理解」が「重要である」または「とても重要である」と回答しています[14]。「もっと理解してほしい、対応を考えてほしい」という気持ちの表れであり、裏返せば「現状では対応が整備されていない、自分たちを理解してくれない」と考えているようです。

日本人窓口担当職員も困っています

　2019年に実施した横浜市の実態調査における行政担当者向けの調査では、「日本語が通じないことで困る」と答えた人が、「ある」「時々ある」を足せば60%を超えています。職員さんも多くは困っているのです[15]。

　筆者は各自治体職員さんから困ったことを記述式アンケートで集めていますが、「日本語がほぼできない方が窓口に来られると対応できない」

というコメントをよく目にします。しかし、日本語がほぼできない人が一人で窓口に来るということは稀だと思います。**一人でいらっしゃる方は、ある程度自信がある方だと思うべき**です。「相手の言うことを何度も聞き返したら怒り出した」なんていうコメントを目にしたことがありますが、これは相手が自分の日本語に自信を持っている裏返しです。

　その他、「説明の後、相手が理解したかどうかわからないのが不安」「電話の問い合わせが難しい」などというコメントもよくあります。これらの場面では、**相談内容の重さと相手の日本語能力を勘案して、どこまで日本語でいけるかの見極めが必要**になります（第2章を参照）。慣れることがまずは大事な要素であるように思います。

▌冷静に自分の対応を振り返ること

　実態を見ると、外国人も自治体職員たちも窓口対応を恐る恐る手探りで行っています。外国人側も不安、日本人側も不安ではうまくいくはずのことも失敗につながります。まずは、自治体職員の皆さんが、どんな対応が伝達効率を高めるのか、この本をじっくり読みながら自分のやりとりを見直してみませんか。そういった取組みが必ず相手の満足感につながります。そして、いろいろな国の人が話す日本語に耳を傾けてください。

参考文献 (第1章)

注：★のついている資料は、web上で検索すると閲覧することができます
（2020年8月現在）

1 法務省（2019）「出入国在留管理（白書）」★
2 岩田一成（2010）「言語サービスにおける英語志向―『生活のための日本語：全国調査』結果と広島の事例から―」『社会言語科学』13(1), pp.81-94
3 人権教育啓発推進センター（2017）「外国人住民調査報告書―訂正版―」★
4 弘前大学人文学部社会言語学研究室 減災のための「やさしい日本語」研究会（2016）『「やさしい日本語」が外国人被災者の命を救います』★
5 文化庁（2001）「日本語に対する在住外国人の意識に関する実態調査」★
6 外国人材の受入れ・共生に関する関係閣僚会議（2019）「外国人材の受入れ・共生のための総合的対応策（改訂）」★
7 法務省（2020）『報道発表資料 令和元年6月末現在における在留外国人数について（速報値）』★
8 庵功雄（2016）『やさしい日本語 ―― 多文化共生社会へ』岩波書店
9 寺沢拓敬（2015）『「日本人と英語」の社会学』研究社
10 静岡県県民生活局多文化共生課(2018)「静岡県庁『やさしい日本語』の手引き」★
11 横浜市政策局（2014）「平成25年度横浜市外国人意識調査報告書」★
12 木村護郎クリストフ（2019）「『日本語による国際化』と〈やさしい日本語〉留学生受け入れの観点から」『〈やさしい日本語〉と多文化共生』ココ出版 pp.47-66
13 愛知県（2017）「愛知県外国人県民アンケート調査報告書【概要版】」★
14 川崎市（2015）「川崎市外国人市民意識実態調査報告書」★
15 横浜市国際交流協会（2020）「横浜市域における地域日本語教育の総合的推進に係る実態調査結果（速報）概要版」★

COLUMN ①
やさしい日本語とフォリナー・トーク

　本書で扱っている話し言葉の「やさしい日本語」は、言語研究の分野ではフォリナー・トーク（外国人相手談話）と言われ、研究の蓄積があります。相手に合わせてわかりやすく話すという言語の調整はすでに1970年代からその存在が指摘されており、日本語の研究も1980年代には始まっています。foreigner talk（外国人相手談話）は、baby talk（幼児相手談話）、retarded talk（障がい者相手談話）などと並んで、言語使用の変種の一つです（①②）。

　大事なところは繰り返す、難しい語彙は言い換えるといった本書で紹介している技術も、こういった研究を背景としています。一方で、「子ども扱いをしている印象を与えることがある」といったネガティブな側面も議論されています（第3章で扱っています）。フォリナー・トークは現場でうまく機能しないものもあり、それは過剰適応という現象として報告されています（③）。

　フォリナー・トークでは話すときに他言語（主に英語）が入ることはよくあります。「私の会社は車を作っています……car ですね」のような例は、英語を付加しても相手の助けになりません。この説明を理解できる人なら、「車」なんて単語は理解できるはずですから。これが過剰適応です。私たちは往々にして、本当に翻訳が必要な部分ではなく、自分が翻訳しやすい部分を訳しがちなのです。

　フォリナー・トークのような言語の調整能力には個人差があることも指摘されています。もともと外国人対応がうまい方とそうじゃない方がいらっしゃるということになります。本書で開陳するのは、そのうまい方がどんな話し方をしているのか、という技術論になります。

① アリーナ・スクータリデス（1981）「日本語におけるフォリナー・トーク」『日本語教育』45, pp.53-62
② 徳永あかね（2003）「日本語のフォリナー・トーク研究—その来歴と課題」『言語文化と日本語教育』増刊特集号，pp.162-175
③ ダニエル・ロング（1992）「日本語によるコミュニケーション—日本語におけるフォリナー・トークを中心に—」『日本語学』11 (13)，pp.24-32

第 **2** 章

まずはここから！
外国人窓口対応の
心構え

とりあえず「やさしい日本語」

日本語から始め、状況に合わせて柔軟な対応を

POINT

「最初の対応は日本語で行う」と決めておきましょう。慌てず落ち着いて相手がリラックスできる対応を心がけましょう。

- 最初は「やさしい日本語」を使ってどこまでいけるか、相手の日本語能力を判断する
- 意思疎通がうまくいかないときには、いくつかの原因があるため、今は何が原因になっているのか分析しながら話す
- 必要に応じて通訳を活用するなど、切り替えを行う
- 話の途中で部分的に英単語を混ぜるのはやめる

日本語で対応する意義

　落ち着いて日本語で話しかけましょう。第1章で紹介したように、伝達効率が一番高いのは日本語なのです。その力を信頼するしかありません。

　公平性という観点からも日本語が一番です。日本の自治体職員が日本語で対応することは大義名分が立つからです。最初からいきなり中国語やポルトガル語、英語を話すのはおかしな話です。「伝わらなかったらどうしよう？」とか「何語だったら伝わるんだろう？」なんていう迷った態度で接していれば、どんな言語でも通じません。

　ワンストップセンター（在留外国人に対する情報提供・相談を多言語で行う一元的相談窓口。第6章参照）で電話対応を行う相談員（外国人相談のプロ）は、基本的に日本語で対応しています。相手が何語を母語としているかわからないからです。私の知り合いの相談員も携帯電話に相談がバンバン入ってきますが、いつも日本語から会話が始まります。

基本的には「やさしい日本語」で最低限必要な情報のやりとりが可能であると言われています[1]。

▌相手をリラックスさせるための落ち着いた対応

　日本語でいくと決めれば、余裕のある態度がとれます。また、こちらが自信を持って接すると、相手はリラックスして聞いたり話したりすることができます。相手が安心して落ち着くことで、日本語能力も高まります。良い循環で、こちらもコミュニケーションが楽になります。

> あの〜、じゅうみんひょうには、国籍を載せてもいいのでしょうか？

> え？

> 国籍を載せるかどうかです……。
> 日本語はわかりますか？　質問はわかりますか？

> 私、日本語はできますが、声が小さすぎて、何言ってるかわからないだけです

> わお、そんなに上手なんですね。

窓口に出現するルー大柴氏

　英語への過信と、日本語への不信から、窓口ではたびたび英単語を混ぜる自治体職員がいます。相手が外国人だからといって英語話者である確率は低いのですが、英語話者であったとしても決してわかりやすくなるとは限りません。

　「書類に名前と必要事項を記入して、U ～ write　返送してください。U ～ send」のような言い方です。日本語を話してから補助的に英語が出てきます。このように、**自分が訳せる部分だけを英語にしても、相手にとってはそんなに助けになりません。**また、日本語発話の一部分に異なる言語が入り込んでくるわけですから、聞いているほうはかなり難解です。相手は日本語がくると思って身構えているのです。改めて申し上げますが、日本語で話すという覚悟を決めましょう。

コミュニケーションを考える

　一般論として考えると、コミュニケーションがうまくいかないときには、その背景にさまざまな要因が考えられます。意思疎通の難易度には以下のようにいくつかの階層があるからです。

A　聞き手がその言語を理解できないため伝わらない

B　伝える概念が難しくて伝わらない（「源泉徴収の説明」など）

C　相手の個人的な事情があり納得してもらえない（「経済的な理由で支払い請求を受け入れることができない」など）

　本書で扱う「やさしい日本語」は、A を中心に B の一部をカバーしようとする取組みです。相手の言語能力にもよりますが、A については「やさしい日本語」でかなりうまくいきます。

　B に関しては、条件次第でうまくいくこともあります。特に相手の日本語能力次第では、かなり込み入った説明も「やさしい日本語」で理解

してもらうことは可能でしょう。

Cは言語の問題ではないため難しいです。これは「もはや言語の問題ではない」という判断ができるようになることが重要です。ある程度日本語でがんばってみて、途中から内容の重要性によっては多言語翻訳サービス（トリオフォンなど）を活用する、ワンストップセンターにお願いするなど（第6章参照）の対応が必要です。

このABCの階層の見極めが重要なのです。**「やさしい日本語」だけでコミュニケーションが成立するのか、他の手段に切り替えが必要なのか、そういった判断力が必要**です。この問題点の見極めに慣れてくると、落ち着いた対応にもつながります。次につなぐ先が把握できていると慌てることもなくなります。もちろん「やさしい日本語」だけで最後まで対応できる案件もたくさんあることは、やっているうちにわかると思います。

日本語で始める、潮時を見て他の手段に変更する、という手順を頭に入れておけば落ち着いた対応が可能です。まずは慌てずに落ち着いて対応をしましょう。慣れも大きいですけどね。

2 相手を理解する気持ちを持つ

「わかり合いたい」「役に立ちたい」が何より大切

POINT

外国人が相手だからといって、コミュニケーションの方法を大きく変える必要はありません。コミュニケーションの基本は、日本人が相手でも、外国人が相手でも同じです。

- 「やさしい日本語」は、コミュニケーションの調整方法の一つ。難しく考えすぎないようにする
- 表情や態度も大切。リラックスして臨もう

「相手を理解したい」「相手に理解してもらいたい」

コミュニケーションの基本は日本人であっても外国人であっても同じです。それは、「相手を理解したい」「相手に理解してもらいたい」という気持ちです。「気持ちの問題？」と思われるかもしれませんが、この気持ちがあるかどうかで、コミュニケーションの成功不成功は大きく変わってきます。本書で紹介するさまざまな外国人対応のポイントのすべてが、この気持ちを前提としています。

コミュニケーション方法の調整は難しくない

外国人対応のポイントは、外国人に合わせてどのようにコミュニケーション方法を調整するかということです。

コミュニケーション方法の調整というと、難しいように思うかもしれませんが、実は、私たちはふだんから無意識に調整を行っています。次のような場面を考えてください。

①部署を異動し、初対面のメンバーに自己紹介する

初めまして。本日付で移動してまいりました、○○○○と申します。
異動の前は○○課で、○○の仕事をしておりました。××課は初めてで、慣れないことも多いと思いますが、いろいろと教えていただければと思います。
どうぞよろしくお願いいたします。

②仕事で大きな失敗をしてしまい、上司に報告する

課長、ちょっとお話したいことがあるんですが……。
先日の○○さまの件なんですが、ちょっと確認不足がありまして、えーと、ちょっと、申し上げにくいんですが、
えー……。

③大学時代の親友に久しぶりに会って、思い出話をする

おう、久しぶり！　元気だったかー？
何年ぶりだろうなー。
そういやお前、いまどうしてるんだよ？
いやー、あのころは毎日ゲームばっかりしてたよなー。ほんっとに、家から出なかったよなー。楽しかったなー。

　①②③それぞれ、話している内容はもちろんですが、会話の相手によって、場面によって、話し方がまったく違います。このように、**私たちは日常会話の中で自然と話し方を調整している**のです。

　外国人対応も、ふだんのコミュニケーション方法の調整の一つだと考えてください。まったく新しい話し方ではなく、ふだん行っている調整にちょっと付け加える、そんなイメージです。

気持ち次第で話し方は自然と変わる

　では、次のような場面を想像してみてください。あなただったら、どのような話し方をしますか。いくつか考えてみてください。

場面：窓口に来た外国人に、地域のごみの出し方を説明します

　「ゆっくり話す」「わかりやすい言葉で話す」「ごみ出しカレンダーを見せる」「翻訳機を使う」など、いろいろな方法が考えられると思います。

　では、皆さんはどうしてそのような話し方をしようと思ったのでしょうか。

　コミュニケーションの考え方の一つに「アコモデーション理論」[2]という理論があります。**「相手を理解したい」「相手に理解してもらいたい」と思うと、自然と自分の話し方が相手の話し方に近づく。**逆に、「相手とわかり合いたくない」と思うと、話し方は相手の話し方に近づくのではなく、逆に相手と違う話し方をするようになるというものです。

　前者の例は、公園で小さい子どもと話すときは、しゃがんで子どもの目の高さに合わせ、子どもがわかるように話しかけるというようなことです。後者の例は、偉い大学の先生が講演中、聴衆より自分のほうが知識を持っていることを誇示しようとして、専門的な言葉を多く使ってしまうようなことです。相手と違う話し方をすることは、自分と相手との間の境界をはっきり示すことになり、差別につながってしまうこともあります。

　先ほど、「窓口に来た外国人に、地域のごみの出し方を説明する」場面の話し方を考えました。そのときに皆さんが思いついた方法は、まさに「お互いに理解し合うための話し方」であり、コミュニケーションの原則と言えます。「相手を理解したい」「相手に理解してもらいたい」という気持ちがコミュニケーションの前提にあることがわかっていただけたでしょうか。

話し方以外のポイント

　話し方以外にもさまざまな調整の方法があります。「目を見て話す」「笑顔で話す」などの態度や表情は、窓口対応において、誰に対しても大切なことです。特に、日本語がまだ十分理解できないレベルの外国人にとっては、言葉の細かいニュアンスよりも重要です。なぜなら、**態度や表情は、相手に対するポジティブな感情もネガティブな感情も、言葉以上に伝えてしまう**からです。「相手を理解したい」「相手に理解してもらいたい」と思うのであれば、言葉以上に表情や態度に気を配るようにしましょう。

　一方、外国人だからといって、大きい声で話したり、同じことをただ何度も繰り返したりする必要はありません（ときどきそういう光景を見かけます）。大きい声で話したり、同じことを繰り返して言ったりすることで相手に理解してもらいたい気持ちを示しているのかもしれませんが、**コミュニケーションで大事なことは、「相手の話し方に合わせる」ということ**です。相手が大きい声で話していないなら、こちらも大きい声で話す必要はありません。逆に相手を怖がらせてしまうかもしれませんので、気をつけましょう。

外国人の満足度＝会話への参加度

寄り添う気持ちが何より大切

POINT

　窓口対応の満足度を決めるのは、窓口担当者が積極的に対応してくれたかどうか、適切な配慮をしてくれたかどうかです。

- やさしい日本語は二の次。まずは協力的な態度で接する
- 日本の常識は通用しないと考えて対応する

┃「やさしい日本語」は二の次

　改めて述べることでもありませんが、相手が外国人であれ、日本人であれ、窓口対応は「生の」「対面の」「人と人の」コミュニケーションです。どのようなコミュニケーションであっても、私たちは「自分の考えていることを伝えたい」「相手に自分のことを理解してほしい」と思っています。窓口対応も例外ではありません。

　では、外国人は日本人とのコミュニケーションにどのようなことを期待しているのでしょうか。筆者が行った調査[3]によると、外国人が日本人とのコミュニケーションに求めることは、以下のようなものだということがわかりました。

1位	積極的な参加態度
2位	相手に合わせた説明
3位	わかりやすい説明
4位	落ち着いた態度
5位	外国人向けの説明

ほとんどの項目は、相手が外国人であっても日本人であっても大事なことですが、1位が「積極的な参加態度」であることからもわかるように、実は、**説明がわかりやすいかどうかよりも、コミュニケーションをとろうとしているかどうか、が大切**なのです。「やさしい日本語は二の次」。伝わらないことや失敗もあるかもしれませんが、まずはコミュニケーションを楽しむ気持ちで臨んでください。

✖ NG　外国人が来ただけで身構えてしまう

> あー、外国人来ちゃったなー。英語かなー、やさしい日本語かなー、苦手なんだよなー。

> どうしよう…。
> この人ちゃんと話聞いてくれるかな…。

⭕ OK　苦手意識を持たずチャレンジする姿勢で対応する

> あ、外国人のお客さまだ！
> よし、なんとかやってやるぞ！

> あ、よかった、やさしそうな人だ！

　前頁の表の項目をもう少し細かく説明します。
　1位の「積極的な参加態度」には「熱心、協力的、積極的、丁寧、礼儀正しい」などが含まれています。
　2位の「相手に合わせた説明」は「相手の話をよく聞く、相手が理解しているか確認する、相手が理解しているか注意する、相手がわからない

ときは助ける」などです。

3位の「わかりやすい説明」は「短い文で話す、例を出す、一つ一つ分けて説明する」などが挙げられています。

4位の「落ち着いた態度」は「自信がある、リラックスしている、慣れている」などの振る舞いです。

5位の「外国人向けの説明」は「言い換える、ゆっくり話す、ジェスチャーを使う、簡単な言葉を使う」などの方法があります。

■ 窓口対応は外国人が経験することNO.1

ある調査によると、在住外国人の90％以上が経験することが「自分が住む自治体の窓口対応」だそうです。つまり、日本語ができてもできなくても、外国人は必ず窓口にやってくるのです。

外国に行ったり住んだりしたことがある方はおわかりかと思いますが、馴染みのない文化の中で、自分の母語ではない言語でコミュニケーションをすることは、とても不安なことです。窓口に来る外国人も同じです。まして、役所の手続きに何か不備があれば、大変なことになる可能性だってあるのです。

窓口に外国人は必ずやってくるもの。**「外国人だって不安なんだ」と思い、「よし、なんとかやってやるぞ！」と覚悟を決めてください。**

■ 日本の常識は通用しない

異なる文化を持つ人同士のコミュニケーションを「異文化間コミュニケーション」と呼びます。異文化間コミュニケーションを行う上で、心に刻んでおくべきことは、**「自分の文化の常識は通用しないと思うこと」**です。外国人は日本人とは異なる気持ちの表し方、言葉の使い方、交渉の仕方をするものです。「郷に入っては郷に従え」は、たとえ頭ではわかっていても、実際に行うのは容易ではありません（日本人が海外に出たときも同じです）。

日本文化、日本の常識の枠の中で外国人対応を考えようとすると、「日本は違うのに……」「日本人ならこんなことしないのに……」と不満を抱えることになり、結局、対応する側が苦しくなってしまいます。

　「おっ、そういうふうに考えるかー」「そんな言い方するのねー」「やっぱり日本とは違うねー」とおおらかに構えてみてください。少し気持ちが楽になるかもしれません。

積極的な参加態度と相手の気持ちに寄り添う姿勢

　外国人と話していると、「日本人はやさしくて親切」と口を揃えて言ってくれます。筆者が海外で暮らした経験を思い返しても、日本のサービスは行き届いているなと感じます。

　でも、日本のサービスでは、相手を慮って先を読み、不要な情報まで丁寧に丁寧に言葉で伝えようとすることが多いように思います。

　海外では外国人に対して、身振り手振りをしたり、スマホを使ったり、言葉は通じなくても表情豊かに伝えたりして、なんとか意思疎通を図ろうとすることが多いです（もちろん個人差はありますが）。

　言葉が十分に通じないということは、気持ちや考えをさまざまな方法で伝える必要があるということです。積極的な参加態度と、相手の気持ちに寄り添う姿勢はコミュニケーションの基本です。外国人対応でも、このことを最初に意識し、相手にわかるように示してみてください。

4 相手の言葉にきちんと反応する

はっきりと理解を示し、あいづちを多めに

POINT

　相手の話に反応しましょう。「わかりました」「聞いています」をはっきり伝えると、相手は安心して話すことができます。

- 「わかりました」とはっきり伝える
- あいづちを打って、聞いていることをきちんと伝える。特に男性はふだんより多めに

「わかりました」を伝える

　皆さんが外国語を話すとき、最も不安なことは何でしょうか。「相手は私が言っていることをちゃんとわかってくれているだろうか？」ということではないでしょうか。あまり自信がないときほど、相手の反応が気になるものです。

　外国人も同じです。慣れない外国で、外国語で、自分の国にはない制度の手続きをするとき、彼らは、「私が言っていることはちゃんと伝わっているだろうか」と不安な気持ちでいっぱいなのです。「わかりました」をいつもより意識してはっきり伝えることで、相手は安心してくれるはずです。

　「わかりました」以外にも**「そうですか」「大丈夫ですよ」**などの表現も併せて使ってみてください。

「聞いています」を伝える

　「わかりました」を伝えるだけでなく、**「あなたの話を聞いていますよ」**ということも、積極的に伝えてください。聞いていることを伝えるのは

簡単です。あいづちを使えばいいのです。「あいづち上手は聞き上手」。あいづちをうまく使うことで、相手は安心して話し続けることができます。

✖ NG 相手の言葉に反応しない

12月14日に引っ越しました。でも、市役所に来なければならないと知りませんでしたから、来ませんでした。

……。

えぇと……。

⭕ OK 相手の言葉にきちんと反応する

12月14日に引っ越しました。でも、市役所に来なければならないと知りませんでしたから、来ませんでした。

そうですか。わかりました。

手続きがしたいです。お願いします！

外国人に慣れている人は聞き上手

外国人に慣れている日本人が外国人の話を聞いているときに何をしているかを調べた調査[4]があります。その調査によると、外国人に慣れている日本人は次のようなことをしていました。

① 「わかったこと」をはっきり示す
② あいづちをたくさん打って「聞いていること」を示す

まず①について、外国人に慣れている日本人は外国人に慣れていない日本人に比べて、「そうですか」「なるほど」「わかりました」「大丈夫ですよ」などの表現を多く使っていました。

次に②について、外国人に慣れている日本人は外国人に慣れていない日本人よりもたくさんあいづちを打っていました。

また、①②のような方法を、外国人に慣れている日本人は意識して使っていました。つまり、外国人に慣れている人は「聞き上手」と言ってよいでしょう。

日本人のあいづちはアメリカ人の2倍

携帯電話で話す人を観察していると、よくこんな声が聞こえてきます。

> ええ、ええ、はい、そうですね、ええ。
> ああー、そうなんですか。えっ、はい。
> ああ、なるほど。まあ、そうですねー。
> ええ、ええ、はい。
> はい、ええ、じゃあまた改めてお電話します。
> はい、どうも、失礼いたします。

日本語の会話では、各国に比べてあいづちがとても多く打たれると言われています。ある調査[5]によると、日本人のあいづちは、アメリカ人のあいづちの約2倍にもなるそうです。

英語の会話では、相手の話を遮らずに最後まで黙って聞くのがマナーですが、日本語の会話は、話し手の話に聞き手があいづちで合いの手を入れながら進めていくスタイルです。これは、どちらがいい・悪いということではありません。

日本に来たばかりの外国人は、あいづちを「うるさいな」と思ってしまうこともあります。でも、日本に住んでいるとだんだん日本語のあいづちがうつってしまうようです。日本で１年間暮らしたある留学生は、帰国後、国の家族や友人と話しているときに、いちいちあいづちを打つようになってしまい、「日本に行ってからうるさくなったな」と言われたそうです（それほど日本語のあいづちは影響力が強いのですね）。

窓口には、来訪者は何かの目的を達成するために来ています。そのような**目的達成のための会話であいづちをうるさいと思う外国人は少ない**ようですので[6]、ぜひあいづちを打って、話を聞いていること、わかったことを示してください。

男性は特に意識して

日本人は比較的あいづちを多く打つのですが、これは女性と男性でも違いがあります。**一般的に女性のほうがあいづちを多く打ち、男性はあいづちが少ない**と言われています。年配の夫婦の会話をイメージしてみるとわかりやすいでしょうか。

でも、外国人に慣れている日本人のあいづちの頻度には、男性と女性の違いはあまり見られません[7]。ということは、外国人に慣れている男性は、ふだんの会話よりもあいづちをかなり意識して打っていることになります。

ぜひ男性の皆さんは特にあいづちを意識してみてください。

5 相手の言葉をきちんと確認する

お互いの理解を共有するコツ

POINT

　相手が言ったことを一つひとつ確認することで、誤解が発生するのを防ぐことができます。

- 相手が言ったことを繰り返したり、まとめて要約したりする
- 「相手の母国の制度と日本の制度は違う」という前提で話す

▌相手が言ったことを言葉にして確認する

　異なる文化背景を持った人とコミュニケーションをするときに大切なことは、**相手と自分の前提や理解が同じだと思わないこと**です。外国人の場合、自分の国のシステムをイメージして話していることがあります。そうすると、両者の間に誤解が生まれてしまいます。

　コミュニケーション上の誤解を避けるために有効なのは「確認」です。それも、一つひとつ言葉にして確認していくことが大事です。日本人同士の場合はあまりしないことですが、文化的背景が異なる外国人が相手の場合は、「ちょっとしつこいかな」というぐらい確認をするようにしてください。

▌確認の方法は「繰り返し」と「要約」

　確認するときに最も簡単な方法は、相手の言ったことを繰り返すことです。繰り返すためには、相手の言ったことを聞き取れなければなりません。外国語のアクセントやイントネーションで話される日本語を聞き取って繰り返すことは、思ったより難しく感じるかもしれません。でも、繰り返すことができれば、まずは確認の第一段階は成功です。

「要約」は、相手の発言をそのまま繰り返すのではなく、他の言葉に言い換えてまとめることです。単純な「繰り返し」より少し高度ですが、相手の話を聞き終わった後、「私はあなたの話をこのように理解しました。これでいいですか？」と伝えることになるので、ぜひやってみてください。

✖ NG 相手の言葉を確認せずに話を進める

国民健康保険に入りました。<u>さんがつ</u>、申し込みました。でも、まだ届きません。いつ届きますか？

 <u>せんげつ</u>だと、まだですね。

えっ……。

⭕ OK ポイントとなる言葉を繰り返して確認する

国民健康保険に入りました。<u>さんがつ</u>、申し込みました。でも、まだ届きません。いつ届きますか？

 <u>せんげつ</u>、申し込んだんですか？

いいえ、<u>さんがつ</u>、です。

外国人に慣れている人はしつこいくらい確認する

外国人に慣れている日本人が外国人の話を聞いているときに何をしているかを調べた調査[8]によると、外国人に慣れている日本人は、外国人が話した内容をしつこいくらいに確認していました。

例えば、外国人が日本人に、「誰が」「何を」「どうした」などの情報を10伝えたとします。その場合、外国人に慣れている多くの日本人は、10全部の情報について、繰り返したり要約したりして確認を行っていました。それに対して、外国人に慣れていない日本人のうち、10の情報すべての確認を行っていたのはごく少数でした。

このように外国人に慣れている人が繰り返し確認しているのは、異なる文化背景を持つ人とのコミュニケーションでは誤解が起きやすいことを知っていて、ミス・コミュニケーションを避けるためだと考えられます。

「お互いの前提は違う」と肝に銘じる

日本人同士の場合、窓口対応ではあまり確認は行われないかもしれません。それは「相手の言いたいことをできるだけ汲み取って察する」というのが、日本人のコミュニケーションスタイルとして上品でスマートだと思われているからではないでしょうか。また、あまりいちいち確認をしていると、小さい子ども扱いをしているようで、特に目上の人に対しては居心地が悪く感じるかもしれません。

でも、これは繰り返し述べていることですが、日本に来たばかりだったり、その日本の制度や習慣の知識が少なかったりすると、相手がイメージしているものと日本人がイメージしているものはまったく違う可能性があるのです。

例えば、「児童手当」という制度について見てみましょう。次頁の表は、内閣府の資料[9]をもとに各国の制度を比較したものです。

これを見ると、そもそも児童手当がない国もあれば、児童手当があっ

38

児童手当の国際比較

	支給対象	手当月額	所得制限
日本	0歳から中学校修了 （15歳未満）	・3歳未満：15,000円 ・3歳〜小学校修了 ー第2子まで：10,000円 ー第3子以降：15,000円 ・中学生：10,000円	あり （所得制限を超える場合は児童1人当たり5,000円）
フランス	第2子以降、20歳未満	・第2子：約1.8万円 ・第3子：約4.2万円 （以降1人につき約2.3万円加算） ・14〜20歳までに児童には月額約0.9万円加算	なし （子どもの多い世帯ほど税負担が軽減〈N分N乗方式〉）
スウェーデン	16歳未満 （義務教育相当）	・第1子：約1.7万円 ・第2子：約3.6万円 ・第3子：約6.0万円 ・第4子：約9.3万円 ・第5子：約13万円	なし
アメリカ	児童手当はなく、所得控除、税額控除等による支援		

ても、支給対象や支給金額、支給方法などがさまざまだということがわかります。もともと持っている知識が違うのですから、誤解が生じやすいのは当たり前です。

　特にお金にかかわることは、窓口対応では正確に、誤解が生じないように伝える配慮が必要です。そのためにも、相手の話を聞き、相手が何をどのように理解しているのかを知り、さらに、**相手の理解と自分の理解が同じものになるように調整する**のが「確認」という作業です。

　この確認作業を怠ると、後々、大きな問題に発展しかねません。確認することが、問題の芽を摘むことにつながります。ぜひ躊躇せずに、相手の言ったことを、一つひとつ言葉で確認していってください。

参考文献（第2章）

注：★のついている資料は、web上で検索すると閲覧することができます
（2020年8月現在）

1 東京都社会福祉協議会（2019）「外国人からの相談には 福祉分野を横断する課題がある ～特定非営利活動法人 国際活動市民中心（CINGA）の取組み～」（ふくし実践事例ポータル）★

2 Giles, H. Coupland, N. and Coupland J.（Eds.）（1991）. Contexts of Accommodation: Developments in Applied Sociolinguistics. Cambridge University Press.

3 柳田直美（2020）「母語話者の「説明」に対する評価指標の開発 —非母語話者の評価観点の抽出と妥当性の検証—」『一橋日本語教育研究』（8），pp.81-94

4 柳田直美（2015）『接触場面における母語話者のコミュニケーション方略——情報やりとり方略の学習に着目して』ココ出版

5 メイナード泉子（1993）『会話分析』くろしお出版

6 柳田直美（2015）前掲書

7 柳田直美（2015）前掲書

8 柳田直美（2015）前掲書

9 内閣府（2014）「内外の少子化対策の現状等について」★

COLUMN ②
アメリカのやさしい英語（Plain English）

　本書では、わかりやすい情報発信をテーマにさまざまな提案を行っていますが、実はこういったわかりやすさを義務付けるような法律が日本にはありません。単一民族発言が政治家からたびたび出ますが、我々はどうも国民が均質であり、日本語もくまなく全員に伝わると考えているところがあります。しかし、さまざまな言語話者がいることを前提に国家が形成されていると、わかりやすさは情報発信において重要なポイントとなります。

　アメリカはその良い例で、法律としてわかりやすさが担保される仕組みがあります。まず、1970年代にイギリス・アメリカで難解な法律や公用文の改善運動が起こりました。その後、カーター大統領による1978年の大統領命令では、法律言葉 'legalese' や官僚言葉 'officialese' を使わずに Plain English で規則を作成するように指定しました。その後オバマ政権では、Plain Writing Act of 2010 という法律を出し、政府機関の文書は Plain English に基づいて書くように指示しています。

　政府において情報をしっかりと伝えなければならないという理念が共有されていることはすばらしいことです。その背景には、有権者が英語話者とは限らないという状況があります。ちゃんとわかるように伝えなければ選挙で勝てない、なんていう事情があるとなおさら Plain English は強力なトップダウンでどんどん普及していきます。

　一方、日本は有権者≒日本語話者という構図があるため、こういった流れにはなかなかなりません。日本では外国籍住民は帰化しない限り選挙権がありません。ですから、「やさしい日本語（話し言葉）」ガイドラインが仮にできたとしても、政治家や総理大臣が自らわかりやすく話すなどという動きにはつながりにくいと思います。まずは窓口で奮闘している一人ひとりの職員さんが自分の言葉のわかりやすさをチェックするしかありません。

第 **3** 章

これだけは押さえよう！
「やさしい日本語」の
きほん

「。」をたくさん使う

みんなに伝わる、単文でつなぐ話し方

POINT

　一文が長いと聞くほうは大変です。文が長い人はかなり意識して短く話すことが重要になります。

- 「。」を意識的に増やす
- 文の最後は「です。」「ます。」で区切る
- 相手の目を見て、伝わっていない場合は別の表現で言い換える

「。」をたくさん使う

　まず大事なことは、**文を短く切ること**です。

　「。」をたくさん使うイメージです。文の中に「〜が」「〜けど」「ので(んで)」「から」「〜て」「たら」などがあると、文がつながって長くなります。話し方を意識してみましょう。そして、「〜が」「〜けど」「ので(んで)」「から」「〜て」「たら」の部分を「。」に置き換えると文は短くなります。短くした文は、文末が「です。」「ます。」で終わるようにします。

　例えば、次頁のイラストの入った会話例では、NG の言い回しにある「、」を、OK では「です。」「ます。」に直しています。

「です。」「ます。」の機能

　「です。」「ます。」は「さっき買いました<u>バナナ</u>を……」のように後に名詞が来て文が続くということはまずないので、一文が終わることがはっきりわかります。これは外国人にとってはとてもわかりやすい切れ目の印となります。また、日本語は文の最後に大事な部分がくることが多いです。大事な部分をはっきりさせることで、より伝わりやすくなります。

日本人の子どもには、「○○ちゃん、これ食べる？」「昨日、□□ちゃんとどこ行ったの？」などの文末の言い方がやさしく、わかりやすいです。でも、日本語の学校で、あるいは教科書を使って日本語を勉強している外国人は、「〜です。」「〜ます。」などの丁寧な形を先に勉強します。そのため、**日本人の子どもに対するような話し方よりも、「です。」「ます。」を使った丁寧な話し方のほうがわかりやすい**のです。

✖ NG 「。」がなく、発言に切れ目がない

> えっとー、あとですね、この制度を利用される場合なんですけど、事前に出していただく書類があるので、そちらのほうを記入していただきますので、とりあえず今日は受付をさせていただいて……

> はあ……。

◯ OK 「。」が多く、発言の切れ目がはっきりしている

> えっと、この制度を利用される場合について、説明しますね。
> この制度を利用するときは、事前に出していただく書類があります。そちらを書いてもらいます。
> とりあえず今日は受付をします。

> はい！

日本人はとにかく文が長い

スポーツの試合終了後のヒーローインタビューをご覧になったことがあるでしょうか。

> インタビュアー：いきなり2ストライクで追い込まれましたが、そのとき、どんなお気持ちでしたか。
> 選手：みんな、ファンの人も思ったと思うんですけど、ダメだっていう、感じが、ちょっと、半分、ダメっぽいなって雰囲気でもう、でも、最後まで、あきらめないのが、自分のスタイルなので、えー、最後まで粘って、なんとか、食らいつこうと、はい。

選手の話し方はどうでしょうか。文はまったく途切れません。また、文の最後まで言い切ることもありません。

実はこの話し方、ヒーローインタビューに限ったことではありません。日本人は自分の経験を語ったり、何かを説明したりするとき、このような話し方をする傾向があります。外国語と比べても、日本語は冗長な表現が多いようです。でも、日本語があまり得意でない外国人は、このような話し方を理解することがとても難しいのです。

前頁の会話例を見てください。ヒーローインタビューほど極端ではないとしても、NG例のような話し方をしている人はいるのではないでしょうか。文がつながって長くなっているという点において大変難解になっています。英語の読解試験で、長い文がやっと終わったと思っていたら、関係代名詞が続いて文がつながっていたとき、「まだ続くの!?」と思った経験はありませんか？　同じ思いを窓口の相手にさせてはいけません。ぜひ自分の話し方を振り返ってみましょう。

文の切れ目でアイコンタクト

　長い文をつらつら話すのではなく、文を短く切って「です。」「ます。」で終わることが大事だということを見てきました。45頁の会話例を見てもらうと一目瞭然です。日本語を母語とする皆さんから見ても後者のほうがわかりやすいと思いませんか？　これができれば、まず、第一段階はクリアです。こういった技術は、相手に寄り添った話し方の大前提となります。

　次に考えることは、アイコンタクトです。**文の切れ目ごとに相手の目をよく見てください。**相手がわかっているかどうかは、目を見ればすぐわかります。文を短くして話す長所は、切れ目ごとにこまめに相手の反応が確認できるところにもあります。相手がわかっていないようなら、別の言い方で言い換える方法を考えましょう（第4章参照）。

　長いセリフを独話調につらつら話してしまう人は、往々にして相手の反応を見ていません。これは外国人に限ったことではなく、一方通行の話は日本人が相手でも難しいものです。こちらが文を短く切って話すと、相手も質問を挟みやすくなります。そこで相手との対話が生まれます。**独話ではなく対話**を目指しましょう。

2 尊敬語・謙譲語を減らす

「です。」「ます。」＋「笑顔」「態度」で丁寧さを表す

POINT

　敬語を多用すると丁寧な表現になる一方、言葉の形式が複雑になり理解が難しくなります。バランスをとることが大事です。

- 「尊敬語・謙譲語」は使うのをやめる
- 丁寧語を残せば、敬語をやめることにはならない
- 笑顔で話すこと、相手に寄り添う態度を示すことでも丁寧さは示すことができる

敬語の理解は本当に難しい

　敬語は外国人にとって、とても理解が難しい日本語です。外国人の母語の中には、「丁寧な話し方」はあっても「敬語」という体系を持たない言語も多くあります。敬語には尊敬語・謙譲語・丁寧語といったさまざまな形式があります（50頁の表を参照）。その中で「尊敬語・謙譲語」は元の言葉と形が変わったり、他の言葉と組み合わされたりして複雑です。そのため、**「尊敬語・謙譲語」は、使うことはもちろん、理解することも非常に難しいのです。**

　前項で見たように、「です。」「ます。」という丁寧語の使用はまったく問題ありません。学校で勉強している外国人が最初に学ぶ形式だからです。また「です。」「ます。」を残すことで、敬語自体は使用していることになり、失礼な言い方になることは避けられます。

✖ NG　尊敬語・謙譲語だらけでわかりにくい

この制度を利用される場合なんですけど、先ほども申し上げましたが、事前に出していただく書類がありまして、そちらのほうを記入していただきますので、とりあえず今日は受付をさせていただくような形になります。後で職員が参りますので、お渡しいただけますか。あとこちら、健康保険の関係なんですが、健康保険は例えばご主人のお勤め先のほうで入られてるか、それとも国民健康保険に加入されるか、なんですが……。

はあ……。

⭕ OK　丁寧語のみでわかりやすい

この制度を利用する場合について説明します。利用する前に出す書類があります。
この書類に書いてください。
今日は受付をします。あとで職員が来ますから、渡してください。

はい、わかりました！

あと、健康保険はご主人の会社で入っていますか。
それとも、国民健康保険に入りますか。

主人に聞きます。

敬語の種類

敬語は現在、以下の5種類に分けられています[1]。

尊敬語	**「いらっしゃる・おっしゃる」型** 相手の動作などを高めることで、その人物に対しての敬意を表す。
謙譲語Ⅰ	**「伺う・申し上げる」型** 自分の動作をへりくだることで相手を高めて、その人物に対しての敬意を表す。
謙譲語Ⅱ （丁重語）	**「参る・申す」型** 自分の動作をへりくだることで丁重な表現をする。高める相手がいない場合に使う。
丁寧語	**「です・ます」型** 丁寧な言葉づかいによって相手への敬意を表す。高める相手の有無を問わず幅広く使う
美化語	**「お酒・お料理」型** 上品な言葉づかいによって相手への敬意を表す。高める相手の有無を問わず幅広く使う

前頁の会話例（NG例）の中で、「尊敬語」「謙譲語Ⅰ」「謙譲語Ⅱ」を探してみましょう。さまざまな形が使われていることがわかります。

　この制度を**利用される（尊敬語）**場合なんですけど、先ほども**申し上げました（謙譲語Ⅰ）**が、事前に**出していただく（謙譲語Ⅰ）**書類がありまして、そちらのほうを**記入していただきます（謙譲語Ⅰ）**ので、とりあえず今日は**受付をさせていただく（謙譲語Ⅰ）**ような形になります。後で職員が**参ります（謙譲語Ⅱ）**ので、**お渡しいただけます（謙譲語Ⅰ）**か。あとこちら、健康保険の関係なんですが、健康保険は例えばご主人のお勤め先のほうで**入られてる（尊敬語）**か、それとも国民健康保険に**加入される（尊敬語）**か、なんですが……。

■ ポライトネス理論

　「すぐにお金を払ってください」と「なるべく早くお金をお支払いいただけるとありがたいのですが……」を比べるとどうでしょうか。

　支払いをお願いするのは同じでも、前者はわかりやすい反面、とても失礼ですよね。言語学のポライトネス理論では、ストレートなわかりやすい言い方と、配慮を持った丁寧な言い方（日本語はこの一部を敬語の使用で担っている）は対立軸にあると考えます。

　大事なことは、**わかりやすさと丁寧さを天秤にかけて、バランスをとった表現を選択する**ことです。その際、「ちょっと配慮に欠けるかもしれないけれど、今はわかりやすさを重視しよう！」といった判断ができるようになれば、「やさしい日本語」の上手な使い手といえるでしょう。

■ 丁寧さは「笑顔」と「態度」で補強する

　「でも、敬語を使わずに話したら失礼だと思われるのではないか」「周りのお客さまの目もあり、外国人に対してであっても敬語を使わずに話すとクレームがくるのではないか」という心配の声もよく聞きます。

　先ほど述べたとおり「です。」「ます。」を使っているかぎり、敬語がなくなるわけではありません。しかも、私たちは丁寧さを敬語だけで表しているわけではありません。笑顔で話すこと、第2章でも述べたように、相手に寄り添う態度を示すことで、十分に丁寧は伝わります。「丁寧さは笑顔と態度で示す」と考えてください。

　それに加えて、「やさしい日本語を使った窓口対応」に対する周囲の理解も必要です。**「やさしい日本語」の認知度を上げていく**ことで、誰にとってもやさしい窓口対応が実現するのではないでしょうか。

3 詳細さにご用心

それ、相手が知りたい＆理解できる内容ですか？

POINT

説明は、細かくしようと思えばいくらでも細かくなるのですが、一方でどんどんわかりにくくなっていきます。

- 情報説明において、「詳しさとわかりやすさは両立しない」という情報伝達上の仕組みをしっかり理解する
- 説明をするとき、相手が必要としている情報は何か考えてみる
- 自分の防衛本能（「後でクレームがついては困る」など）だけのために細かくて詳細な説明をしていないか、振り返る

細かすぎる説明は要注意

何かを伝えるとき、細かい情報をすべて話すと複雑になります。コンビニの業務を説明すると考えてください。日常雑貨を24時間販売しているというシンプルな説明に加え、宅配便の受付、固定資産税の払い込み、ライブチケットの販売等の細かい説明がいくらでも可能です。ここで注意すべきは、細かく説明すればするほど、わかりにくくなる点です。

これは、心理学者の海保博之氏が言うところの**「説明の詳しさ×説明のわかりやすさ＝一定」**の法則[2]に当たります。この法則は、説明がときにわかりにくくなる仕組みを端的に言い当てています。我々は、説明の詳しさとわかりやすさのどちらか一つしか取れないのです。

保育料の説明を例にします（次頁の会話例）。原則月単位で徴収するのですが、月の途中で入った人は日割りになります。ところが月の最初が休園日でその翌日から入った場合は、初日分を引いた日割りになるのかというと、そうではありません。同じ仕組みが、退園についても言えます。月の最終日が休園日だった場合、日割り計算にはしないはずです。

このように、細かく話そうと思えば、情報伝達は、いくらでも細かくなるのです。

✖ NG　説明が細かすぎて伝わらない

○○幼稚園の保育料が知りたいんですが？

 毎月定額なんですが、月の初日以外の日に入園した人、月の末日以外に退園した人は、保育料の額が日割りになります。ただし月の初日が休園日の場合、その月の休園日でない最初の日に入園するなら、日割りとはなりません。退園についても同じルールが適応されます。

結局、いくらなの？？

○ OK　わかりやすさを重視して説明する

○○幼稚園の保育料が知りたいんですが？

 毎月定額ですが、公立なら、○円くらいです。

ありがとうございます！

聞き手にとって必要な情報は何でしょうか？

　窓口で職員が詳細に伝えようとする情報は、一方の聞き手側からしたらどうでもいいことの場合もあります。家電量販店のエアコン売り場やパソコン売り場の店員さんを想像してください。すごく細かく説明してくれるものの、こっちからしたら「そんな情報は要らないなあ」ということはありませんか？

客：このパソコンはちょっと価格が高いんですね。

店員：このパソコンはSSD搭載なので、HDDのみ搭載のものより立ち上がりのスピードは断然速いですよ。ただし、メモリの容量を増やすほどSSDの空き容量は減りますから注意ですね。プロジェクター接続はVGAのミニD-sub15ピンで接続ができます。これはアナログRGBケーブルなんて言うときもありますが、この旧形式とHDMIの新形式にも対応しているので、プレゼンには便利ですよ。

　詳細な情報を細々と話したくなる動機はいろいろですが、自分が詳しく知っていることは正確に伝えたいという気持ちが背景にあることは間違いありません。親切心もあります。窓口対応の際も同じではないでしょうか。自治体職員の皆さんは、各分野の情報に精通しており、質問が来たときは説明が詳細になってしまうこともあるのではないでしょうか。

　なお、自分がよく知っている情報を他人に説明すると、過度にシンプルになってしまうことも報告されています。心理学の実験で、テニスのルールを解説する際、テニスに詳しい人ほど説明の分量が少なくわかりにくいという結果が出ています。素人が少し説明を聞いて第三者に説明するほうが、わかりやすくなるのです[3]。相手に伝える情報量は細かすぎても粗すぎてもいけません。

法律を説明するときが要注意

　法律に関係することを話すとき、自治体職員の皆さんは詳細情報を伝えたくなります。**後で「聞いていない」と言われたら困る**からです。職員を相手に住民訴訟を起こすことが可能になってから、訴訟に備えた保険が普及しています。「聞いていない」という市民の声によって、ときに職員個人が損害賠償を請求される可能性があるのです。

　このように考えてみると、**詳細な情報提示は防衛本能の表れ**とも言えます。この点において、情報発信の動機が、「相手にしっかり伝えよう」というものではなくなっていることに注意しましょう。また、「情報が足りない」と言って怒る人がいる一方で、「話がわかりにくい」と言って怒る人もいることを肝に銘じておきましょう。

4 話す前に整理する

結論・全体像を先に伝える

POINT

思い浮かんだことを次々と話してしまうと、聞いている人は理解が大変です。まず話し出す前に頭を整理しましょう。

- 理由→結論という流れではなく、まず結論を頭に持ってくる
- 相手が、YES か NO で答えられる疑問文で何かを聞いてきたときは、最初に YES か NO かをはっきり伝える
- 細部を列挙するタイプの内容は、最初に全体像を伝える

▌結論を先に話す

「店舗や事務所等から出るごみは、どう処理したらいいですか？」という質問に対して、「○○市では原則として事業活動（営利・非営利を問わず）に伴って生じる廃棄物（事業系ごみ）は収集しません。自己処理するか、許可を持った業者に委託して処分してください」という回答が某自治体の web 上に上がっています。

これは web 上にあるので、いわば書き言葉ですが、日本語の典型的な話の流れになっているため、窓口の話し言葉でも十分ありえます。このやりとりを分析すると、質問は「どう処理したらいいか？」を聞いています。ですから、最も端的な答えは**「○○で処理してください」**となるはずです。上記の例では、「自己処理するか、許可を持った業者に委託して処分してください」の箇所となります。ここがいわゆる結論の部分です。

話す内容を整理するときに、結論部分を先に言ってしまうように心がけましょう。日本語の話の展開は、どうしても理由を言ってから結論という流れになりがちです。例えば公園にある「ハトにエサをあげないで

ください」という看板は多くが、「数が増えるとフンをして近所に迷惑をかけますので、」といった類の理由を頭にのせています。そういう流れを私たちが好んでいるという事実を理解しておきましょう。そこを少し調整するだけで、ずいぶんコミュニケーションはすっきりします。

✖ NG　質問にきちんと答えていない

お店のごみはどう処理したらいいですか？

○○市ではそのようなごみは原則として集めていません。集めるのは個人が出したものだけなんです。お店や会社のごみまで集めていたら大変じゃないですか～。

はあ、だからどうすればいいの？

⭘ OK　結論から述べ、質問にきちんと答える

お店のごみはどう処理したらいいですか？

自分でごみの業者さんを探してください。○○市では□□□□□□からなんです。

……ああ、はい。

YESかNOか、はっきりしましょう

前項で紹介した例とポイントは同じなのですが、質問文が以下のような YES か NO で答えられる疑問文の場合、なおさら結論に当たる場所を先に言う必要があります。またもや、某自治体の web から QA を拾ってみました。

Q：プラスチックの商品（おもちゃ、文具など）はプラスチック製
　　容器包装の収集日に出してよいですか。

A：○○市では、容器包装リサイクル法に基づいて、生鮮食料品の
　　トレイやシャンプーのボトルなど、プラスチック製の容器や包
　　装だけを収集の対象としています。従って、プラスチック製の
　　おもちゃや文具など商品そのものは対象になりませんのでご了
　　承ください。なお、プラスチック製の商品は燃やすごみとして
　　お出しください。

答え（A）をじっくり読んで、結論に当たる場所を探してみてください。後半に出てくる「プラスチック製の商品は燃やすごみとしてお出しください」のあたりが結論らしくなっています。しかしこれも、質問に対して直接答えているわけではありません。「出してもよいですか」と聞いているのですから、答えは「出してもよいです／だめです」の二択のはずです。上の例で言うなら、最初に「その収集日に出すのはだめです」と断っておいてから、リサイクル法だとかいろいろな説明をしていけばいいわけです。

いろいろな留学生に授業で物事を説明をしてみるという調査研究があるのですが、**母語のいかんにかかわらず、結論を先に話すというパターンが理解しやすい**という結果が出ています[4]。

全体像を最初に伝える

　少し違うパターンを紹介します。「マイナンバーカードを申請したいです。何が必要ですか？」という質問に対して、以下の答えはどんな印象でしょうか。

　「マイナンバーカード交付申請書に必要なことを記入して来てください。その際、通知カードと本人確認ができるものを持ってきてください。カードに使う証明写真も必要です。サインでもいいのですが、印鑑があるなら持ってきてください」

　母語話者同士なら、これくらいなんてことはないのですが、少し整理してから、全体像を先に話すように心がけると印象は変わります。

　「必要なものは４つです。マイナンバーカード交付申請書、通知カード、本人確認ができる書類、証明写真です。この４つに加えて、もし印鑑があるなら持ってきてください。交付申請書は役所にあります。……」

相手のレベルに合わせて話す

「やさしい日本語」が凶とでることもある

POINT

　状況に合わせて「やさしい日本語」のスイッチを入れることも大事ですが、場合によってはスイッチを切ることも重要です。

- 相手の日本語能力を冷静に判断して、「上手だな」という人には普通に日本語で対応する
- 「わかりやすく話すこと」≠「子ども扱いすること」。大人として扱いつつ、言葉だけはわかりやすく話す

外見で人を判断しないこと

　「やさしい日本語」で対応するかどうかの判断基準は相手の日本語能力です。相手が苦労しながら日本語を話している様子を見てから、やさしい日本語スイッチを入れましょう。この点において外国人かどうかは問題ではありません。日本人でもご高齢の方、知的障がいを持った方、ろう者の方など、状況次第で使ってください。

　一方、外国人であろうと**相手の日本語能力が高い場合は、「やさしい日本語」をそんなに意識しなくてもいい**のです。いつもの調子で普通に対応してみてください。ここで重要なのは、判断基準は外見や名前ではないということです。外見がいかにも外国人だとしても、日本語がペラペラであるなんてことは、今や珍しくありません。

　テレビでは、ロバート・キャンベルさんやデーブ・スペクターさんが日本人と同じテンポで会話を進めておられます。日本語が流ちょうな人に向かって、過度にわかりやすい話し方をすると、それはそれで不快に感じる人もいるでしょう。

　ちなみに逆パターンですが、「やさしい日本語」でいくらがんばっても、

相手の日本語能力が及ばず意思疎通できない場合もあります。この場合もやさしい日本語のスイッチを切って、各種翻訳ツールなどを活用しましょう（第6章参照）。要は、状況をよく見てスイッチを入れたり切ったりできる判断力が大変重要になります。見極めが肝心です。

✖ NG 外見で判断して、過度にわかりやすく話そうとする

> すみません。10年乗ってたバイクのナンバープレートを返却したくて持ってきました。もう、バイクは廃車にしたんですよ。

> あなたは、にほんごが、できますか？

> できますよ。さっき、日本語で説明したでしょ、結構複雑な話を。

⭕ OK 相手の日本語レベルを汲みとって話す

> すみません。10年乗ってたバイクのナンバープレートを返却したくて持ってきました。もう、バイクは廃車にしたんですよ。

> はい、承知しました。この書類にご記入ください。

> はい、わかりました。

簡約日本語とその反応

　1980 年代に日本語教育の普及を背景に、外国人にも学びやすい日本語を目指して簡約日本語が提案されました。動詞の活用を連用形に限定し、語彙を 2000 程度に絞ろうという提案でした。「やさしい日本語」の前身ともいえます[5]。

　ところが、この運動は大きな批判を浴びました。詳細は文献に譲りますが、当時の新聞投稿や雑誌記事を見てみると、日本語ができる外国人の批判が大きかったことがわかっています。日本語をがんばって習得した人にとって、過度にわかりやすい話し方をされるのは嫌なのです。

「やさしい日本語」≠子ども扱い

　「やさしい日本語」の研修でよく挙がるご意見に、「子どもに話すようにすればいいんですね」というものがあります。「やさしい日本語」研究の出発点において、baby talk を包含しているので（COLUMN ①参照）、これはある意味で正しいのです。しかし、根本部分で異なります。**子どもに対するようにわかりやすく話すのはよいことなのですが、子ども扱いするのとは違います。**

　一橋大学のイ・ヨンスク氏が論文で書いておられますが、「ほらほら、あなた、忘れないでね」とか「明日までに持ってくること。わかったわね」といった言い方を役所でされて頭にきたとのこと。翌日、書面で市役所にクレームを出したそうです[6]。また、2017 年 7 月には、大阪入国管理局で職員が子ども扱いしたためにトルコの方が暴れだし、職員に制圧された事件も報告されています[7]。

　ある程度日本語能力が高い人は、日本人の話し方のバリエーションを理解できます。「ああ、なんか子ども扱いされているなあ」とわかるのです。2015 年の川崎市外国人市民意識実態調査報告書[8]では、日本語能力と役所の窓口対応の感想をクロス集計しています。日本語能力が高い人ほど窓口を不親切と感じるというデータが出ており、これは子ども扱

い問題と関係があるかもしれません。ご注意ください。

参考文献（第3章）

注：★のついている資料は、web上で検索すると閲覧することができます
（2020年8月現在）

1 文化審議会答申（2007）「敬語の指針」★

2 海保博之（1988）『こうすればわかりやすい表現になる──認知表現学への招待』福村出版

3 岸学・綿井雅康（1997）「手続き的知識の説明文を書く技能の様相について」『日本教育工学雑誌』21（2），pp.119-128

4 俵山雄司（2013）「講義における専門用語の説明に対する日本語学習者の評価──わかりやすい説明の方法を探るために──」『専門日本語教育研究』（15），pp.27-34

5 岩田一成（2013）「『やさしい日本語』の歴史」庵功雄・イヨンスク・森篤嗣編『「やさしい日本語」は何を目指すか：多文化共生社会を実現するために』ココ出版 pp.15-30

6 イヨンスク（2013）「日本語教育が『外国人対策』の枠組みを脱するために」庵功雄・イヨンスク・森篤嗣編、前掲書　pp.259-279

7 平野雄吾（2019）「分断と暴力の外国人政策」『現代思想』47（5），pp.8-17

8 川崎市（2015）「外国人市民意識実態調査報告書」★

COLUMN③
公共放送の努力

　皆さんの中には、アメリカの国営ラジオ放送 VOA（Voice of America）で英語を学んだ方もいらっしゃるのではないでしょうか。日本では英語教育の文脈で教材として使われることが多いのですが、もともとの理念は、COLUMN ②で紹介した Plain English です。

　VOA のように音声言語で実践が進んでいるアメリカに対して、日本は文字情報でがんばっています。NHK がインターネットで配信しているやさしい日本語ニュース「NEWS WEB EASY」は、2012 年から試験運用を開始して、2013 年から本格運用が始まっています（①）。自動読み上げ機能もついているので、音声情報として聞くこともできます。

NHKニュース @
@nhk_news

【NEWS WEB EASY】やさしい にほんご の ニュース です。
「たいふう が しこく を とおりそう　きけん に なる まえに ひなんして」
「ひゃくにちせき に なる ひと が ふえる　あかちゃんは とくに きをつけて」を こうかい しています。#nhk_news www3.nhk.or.jp/news/easy/

午前8:00・2019年8月15日・Salesforce - Social Studio

202 リツイートと引用リツイート　**174** いいねの数

「NHK ニュース」ツイッター（@nhk_news）
2019年8月15日

　災害時には NHK のひらがなツイッターも活躍しています（ひらがなの重要性は第1章参照）。ひらがなの重要性があまり伝わっておらず、このツイッターには批判する人も多いのが残念です。ひらがなツイッターに批判が出るのは、まだまだ日本が開かれていない証拠ですが、公共の電波でこういった取組みが広がっていくことは重要です。「日本に日本語ネイティブではない人がたくさんいる」という事実、そして「在住外国人は日本語を理解する人がけっこういる」という事実を日本人が共有するきっかけになるからです。

---

① 　NHK「NEWS WEB EASY」https://www3.nhk.or.jp/news/easy/

第 **4** 章

もっと明快に！
言葉をいろいろな
方法で伝える技術

1 わかりやすく言い換える

お役所言葉のままでは伝わりません

POINT

**　お役所言葉は、役所内部で使う分には、情報伝達をスムーズに行うことができるのですが、外部の人には伝わりません。**

- 何が難解な言葉なのかを把握して、外部の人に使うのは控える
- 言葉の言い換えには「シンプルに言い換えられるもの」と、「解説を加えなければならないもの」の2パターンある

難しい言葉に気づいて言い換える

　やさしい日本語において、「言い換え」は基本スキルです。相手の顔を見て、「よくわかっていないなあ」と思ったら、**別の言葉に言い換えることで難易度を下げる**ことができます。相手の日本語能力にもよりますが、いろいろ言い換えてみると、どこかでヒットすることはよくあります。「コンビニ」という語が伝わらなかったとして、「小さいお店、24時間開いているお店、お弁当などが売っているお店、セブン-イレブン、ローソン……」などの言い換えをスラスラ出せる能力は重要です。

　言い換えの大前提として、何が難解な言葉なのか、話している側が理解することが重要です。横浜市がお役所言葉として公開している562語のリスト[1]からいくつかを取り上げてみます。お役所言葉がピンとこない人は、以下の例を見ながら、こういうのがポイントなんだぁという語感を養ってください。リストでは「乗車券」「放置」「届出」「廃棄」「免除」「持ち去り」「本人自署」「放課後」「紛失」「返納」「備蓄」「押印」「収集」「転居」「配偶者」といった言葉が目につきますが、これらは漢語なので難解です。

　言い換えには2パターンあり、「乗車券」→「きっぷ」のように単語を

別の単語に言い換えるものと、「(自転車の) 駅前放置」→「自転車を駅前に置きます。そのままにします」のように文で説明するものです。**文脈に合わせて、柔軟に言い換える**練習をしましょう。

✖ NG　お役所言葉を多用する

自転車は駅前に放置してあったため、撤去しました。このままだと廃棄されます。今すぐ届け出れば、過料は免除されますよ。

ほうち？　てっきょ？　はいき？
かりょう？　めんじょ？

⭕ OK　お役所言葉をわかりやすく言い換える

○○さんの自転車が駅前にありました。
何日もそのままでした。
だから、自転車を別の場所に持って行きました。
もうすぐ捨ててしまいます。

ええ!?

今すぐ取りに行ってください。そうすればお金は払わなくてもいいですよ。

……ああ、はい。

解説を追加しなければならない言葉

　先ほどと同様に横浜市のお役所言葉リストを見渡して、簡単には言い換えられないなというものをピックアップすると、「介護保険制度」「リサイクル」「実印」「認可外保育室」「相続」「天引き」「年末調整」「判決離婚」「差押え」「○○税（各種税金名）」などが見つかります。これらは、各種制度を背景とした日本のルールを知らないと、意味がわかりません。言葉に解説を追加しなければならないものです。

　介護保険制度などは、同様の制度のない国の人には非常に説明が長くなります。日本人であってもよくわかっていないものがあるのではないでしょうか。こういった言葉を説明するときは、**最初に大枠説明を短く入れるとわかりやすい**です。詳細な情報や具体例はその後です。

外国人住民：介護保険制度って何ですか？
職員：お年寄りを助ける日本の制度です。みんなでお金を払います。
　　お年寄りはサービスを受けることができます。

外国人住民：リサイクルって何ですか？
職員：要らなくなったものをもう一度使うことです。日本ではペットボトルや紙をリサイクルしています。

外国人住民：実印って何ですか？
職員：はんこです。役所に登録したはんこです。家や車を買うときに使います。

気づきのコツ、言い換えのコツ

　ここまで、「難しい言葉に気づくこと」→「適切な言い換えを行うこと」という2段階の言い換えプロセスを順に見てきました。まずは自分の話し方を自分で分析しながら、どのあたりが難しいかなと考える癖をつけ

ましょう。例えば本項で紹介した「乗車券」「放置」「廃棄」「免除」といった言葉はすべて漢語です。**漢語を話すときには「難しいかもしれない」と考えながら話しましょう。**外来語も同様に難しいものがありますが、こういった難解語彙になりそうなものは特徴（漢語、外来語など）があります。最初は慣れないと思いますが、だんだん「あ〜、この言葉は伝わらないだろうなあ」という勘が働くようになります。

　言い換えを行う段階で、「乗車券」のようにサラっと言い換えて終わるもの、「介護保険制度」のようなしっかりと説明しないと伝わらないものがあることを先ほど紹介しました。これは言葉を別の言葉で言い換える方法ですが、実は視覚情報で見せてしまったほうが伝わる言葉もあります。それらは次項で詳しく紹介しますが、視覚情報の活用も含めた適切な言い換え技術を身につけましょう。

　本項で紹介した横浜市のお役所言葉562語は、言い換え提案がセットになっています。「この言葉はこう言い換えましょう」という言い換え例がついているのです（詳しい解説は第6章（112頁）参照）。言い換えが不安な方は一度、参考までにご覧ください。

実物を見せる

手元に準備しておいてモノを見せる、実演する

POINT

専門的な言葉の中には、書類の名前のように言葉で説明するよりも見せたほうが早い場合があります。

- 窓口の説明でよく使うモノは手元に用意する（スマホに保存してある写真・イラストなどでも可）
- 実物と対応している言葉はモノを見せる
- 機材やアプリの説明は、実演してやって見せる
- ジェスチャーや表情などの視覚情報も活用する

実物を見せる

　窓口で身分証明書を見せることはよくあります。身分証明書は在留カード、運転免許証、国民健康保険証、マイナンバーカード（個人番号カード）、旅券（パスポート）などいろいろありますが、用語としてはどれも難解です。いきなり「身分証明書」と言うのではなく、まずは相手が持っていそうな「在留カード」から言ってみましょう。そこで、うまく理解してもらえなかった場合、実物を見せればすぐに伝わります。

　実物を見せたほうが早いものは他にもいろいろあります。役所が配付する障害者手帳や母子健康手帳、妊婦健康診査費用補助券などは、名前よりも実物のほうが認識しやすいでしょう。「障害者手帳を持っていますか？」と聞くよりは、**「これを持っていますか？」のほうがわかりやすい**です。

　各種証明書類（営業許可証、自動車検査証、特別永住者証明書、戸籍個人事項証明書）なども名前が難解です。それらの名前を言うよりは、**実物を見せながら話したほうが早い**ことが多いです。

✕ NG 言葉だけで説明する

> 身分証明書はありますか？
> 身分証明書、みぶんしょうめいしょ、みぶんしょうめいしょよ〜！

> 何度言われても、わからないよ……。

○ OK 実物を示して説明する

> 在留カードはありますか？
> これです。

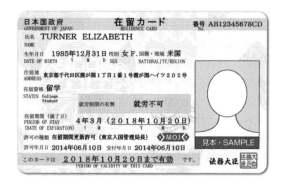

> ああ、あります。

モノで実演する

　窓口によっては機材の普及を進めるため、使い方を説明したりすることがあると思います。例えば、住宅用火災警報器、補装具、自動体外式除細動器（AED）などは、その場でモノを見せながら実演するとわかりやすいです（もちろん時間や場所の制約はあると思いますが）。

　また、各種アプリなども実演してみるといいでしょう。昨今は、ごみの分別、健康促進、観光名所案内、道路の破損報告といった、さまざまな目的に応じて各自治体はアプリの開発を行っておられます。対応していて**「この人には必要だな」と判断したら、その場で使って見せて、相手の反応がよければその場でダウンロードしてもらう**のもよいでしょう。

視覚情報の活用あれこれ

　「外国の方に電話対応をするのが難しい」という声は、お役所に限らずいろいろな方面から聞こえてきます。電話対応が難しいのは、視覚情報のやりとりがすべて遮断されてしまうからです。人間は一般にコミュニケーションの70%近くを視覚情報に依存しているという研究データが出ている[2]ように、音声だけで何かを伝えるのは限界があります。視覚情報を使ってコミュニケーションの引き出しを増やしましょう。

　視覚情報の活用は、「実物を見せる」「実演して見せる」だけではなく、**「ジェスチャーを使ってみる」「表情を豊かにする」なども効果的**です。在留カードの実物がさっと出てこなかった場合、手でカードの形を作って見せれば、何か小さい四角いものの話をしていることは伝わります。便利なアプリを紹介するときには、満面の笑顔で伝えれば、それがいいものであることが伝わるでしょう。

　その他にも、イラストや写真の活用、紙に文字を書いてみる（筆談）などいろいろなものがあります（次項参照）。

備えあればスムーズに

　ここまで紹介したように、実物を見せたり、モノで実演したりするためには、窓口に必要なものが揃っていなければなりません。翻訳アプリや筆談グッズなど一般的なものは、すべての窓口に共通した実物ですが、窓口ごとに特化した実物もあります。

　それぞれの窓口が高頻度で使う実物を日ごろから準備しておくとよいでしょう。スマホなどの電子機器に写真・イラストを準備しておく方法でもいいかと思います。慣れるまで少し億劫に感じるかもしれませんが、**トータルで対応時間が短くなるので、効果はすぐに実感できる**でしょう。

補助としての視覚情報

写真やイラスト、図表を効果的に見せる

POINT

視覚情報を補助的に使いましょう。どんな資料が視覚情報として向いているかを考えて、職場に用意しておくと便利です。

- 体系的に整理できる情報、作業手順を示す情報、選択肢を示す情報は視覚情報として提示する
- 紙に文字で書いてみる
- 図・イラストを活用する

ごみの出し方を説明するとき

外国人と日本人とのトラブル NO.1 は常に「ごみ」の問題です。筆者は、「ごみ関係の説明を窓口で行ったがうまくいかない」という相談を受けたこともあります。口頭で説明をするだけでは伝わらないことも、資料などを見せながら話すと伝わることはあります。

ごみの出し方を説明する際、「ごみの出し方パンフレット」の類を用いて、**視覚的に補助すると指差しコミュニケーションが可能になります。**

ごみの出し方として伝える情報は、「〜のときは、○○を出してはいけない」というルール集です。これらは曜日ごとに体系的に整理されています（例：○曜日は△△はダメ）。こういったものは視覚情報として見せたほうが絶対にわかりやすいです。

なお、ごみ関係は言葉がとても難しいです。「生ごみ、古紙、古布、資源物、粗大ごみ、処理困難物、廃棄物、プラスチック製容器包装、小型家電回収ボックス、集積場所」など、ざっと見ただけでも難解です。また、こういったものは、常に実物を用意することができません。

パンフレットの類にはイラストがついているので、それを用いてもい

いと思います。ごみの相談がよくくるような窓口なら、大きめのフリップを用意しておいてもいいでしょう。日本人でも「汚れたビニールは燃やすごみなのか？　資源ごみなのか？」といった境界線の問題は常に悩ましいものです。

○○3丁目

月	げつ	缶（かん）・びん・ペットボトル
火	か	燃（も）やすごみ
水	すい	なし
木	もく	なし
金	きん	プラスチック製（せい）容器（ようき）包装（ほうそう）
土	ど	燃（も）やすごみ

体系的に整理できる情報

「ごみの出し方パンフレット」は、体系的に整理できる情報なので一覧表が作りやすいです。他にも、課や曜日によって営業時間が違うという体系的な情報（課別窓口開設時間）を説明するときも一覧表は活躍するでしょう。また、年齢によって提出書類が異なるなんていうこともよくありますが、そういう場合も一覧表は活躍すると思います。窓口で頻度の高いやりとりに備えて、手元に置いておくと便利です。

作業手順を示す情報、選択肢を示す情報

手続きに順序があるような情報も、視覚情報として提示すると効果的です。ごみの例で言うと、粗大ごみの出し方のようなものは、以下のような手続き順序を資料にしておくと相手の理解を助けます。

1．ごみセンターに連絡して手数料の額を確認する
　　手続きはインターネットでお願いします
2．コンビニや銀行で手数料を払い、収集シール・領収書をもらう
　　領収書は自分で保管してください
3．ごみに収集シールを貼って出す
　　決まった場所と時間に出します

相手に選択肢を示して選んでもらうような情報も、視覚情報として提示すると理解の助けになります。外国人が多い自治体は選択肢の説明や写真などを一覧にしたコミュニケーション支援ボードを作り、相手が指差しで選べるように工夫されています（第6章（116頁）参照）。

とりあえず文字を書いてみる

ここまで、情報を整理して見せる方法を紹介してきましたが、紙に文

字を書くだけでもずいぶん理解の手助けになります。最近は筆談用具を備えている窓口などが増えてきましたが、文字を書くことの効果はもっと評価されるべきです（もちろん相手によりますが）。ひらがなの理解率が高いことは第1章（9頁）で紹介しましたが、とにかく話していることを文字に書いていくと相手に伝わることはよくあります。

立場を変えて考えてみましょう。ハリウッド映画も英語の音声がわからなくても、DVDなどで英語字幕を出すと結構わかることがあります。文字で見ると、それほど難しいことを言っていないとわかるのです。また、韓国語を学んだ人はまずハングルを学んだはずです。多くの外国語教材は文字学習から始めますから、**学習者は何語であれ、耳（音）より目（文字）が先に慣れていく**のです。

図やイラストの活用

図やイラストにしたら簡単に伝わる情報もあります。役所で使えるハンコにはルールがありますが、その説明などが良い例です。海外の人は非常に大きな／小さなハンコを作るかもしれません（例えば中国のハンコは非常にサイズが大きいです）。または、ハンコにイラストを入れたくなる人もいるでしょう。

なお、ハンコ関連の用語は「印章、印鑑、印影、押印、印鑑登録、印鑑証明」などといろいろあります。どれも言葉だけでは難解ですね。

4 漢語は和語に言い換える

漢語はとても硬くて難解

POINT

漢語を多用した名詞中心の言い方は控えましょう。

- 動詞が「漢語＋する」の形になるときは、和語に言い換えてみる（「記入する」→「書く」）
- 「地域福祉保健課」のような、漢語が連結してできた長い言葉は難しいため、言葉以外の方法で伝える

漢語はわかりづらい

　「飲酒の習慣はありますか？」は「いつもお酒を飲みますか？」とも言えます。後者がわかりやすく感じるのは、漢語を和語に置き換えているからです。漢語が難解になる理由は、言葉がやや抽象的になることもありますが、「飲酒、習慣」のように名詞が増えることもポイントです。

　「お酒を飲みすぎてから運転はしないでください」を「過度のアルコール摂取後の運転は禁止です」と名詞中心で書くと硬くなります。漢語は名詞と相性がよいため、多用すると硬い文章に見える原因となります。

　また、漢語は同音異義語が多いため、外国人には音から漢字変換するのが難しいのです。例えば、「シュウカン」を漢字変換すると「習慣、週刊、週間、収監、集患、終刊、収缶……」とたくさん出てきます。一度漢字に変換してから理解するという文字を通した把握を行うにあたって、漢字の語彙が少ない外国人はうまく変換できません。

　日本人同士でも漢語は誤解につながります。母親が「ここは安産の神様よ」と言ったところ、娘は「算数が苦手だからお願いしておこうっと」と言いました。といった類の漢語の誤解ネタは新聞でよく目にします。

　「収入の調査に同意しますか？　市内で勤務の方ですか？」という質

問は、**「給料を調べてもいいですか？　○○市で働いていますか？」**と言っても同じことを質問できます。前者は漢語中心で、後者は和語が多くなっています。両者を比べて、前者が難しいという感覚をつかんでください。

✖ NG　漢語をそのまま伝える

あの〜、私も国民健康保険に必ず入りますか？

会社に所属していますか？
勤務先で保険に加入している場合は不要です。

キンム？　カニュウ？　フヨウ？

○ OK　漢語を和語に言い換えて伝える

あの〜、私も国民健康保険に必ず入りますか？

どこで仕事をしていますか？
そこで保険に入っていますか？　入っているなら、国民健康保険に入らなくても大丈夫です。

ああ、そうですか。聞いてみます。

漢字を書いてみる

　漢語を正しく把握してもらうには、漢字を書いて見せるのも一つの方法です。その際、ひらがなの併記も忘れずに。相手が中国人の場合はもちろん、その他の国籍だとしても文字を見せることで伝わることはたくさんあります。

　ただし、中国人の方を対応する際、漢字なら 100％伝わると過信するのは禁物です。日本と中国で漢語の意味が違うものもありますし、相手は「わかった」と言っても理解がずれていることはよくあります。第 2 章で述べたように、相手の理解を丁寧に確認しながら対応しましょう。

漢語動詞にご注意

　漢語を扱う際、まずは文末の動詞に注意するところから始めましょう。いわゆる漢語動詞（「○○（を）する」という形で言えるもの）を和語に変えてみるとわかりやすくなります。これらは一般的に、他の言い方に変換が可能です。すべてが簡単に置き換えられるわけではありませんが、以下の例を見てコツをつかんでください。

記入する	➡	書く
勤務する	➡	働く、仕事をする
育児をする	➡	子どもを育てる
申請する	➡	申し込む
備蓄する	➡	貯める
納付する	➡	払う
収拾する	➡	おさめる、まとめる
免除する	➡	払わなくてもいい
相続する	➡	引き継ぐ、親からもらう

漢語の造語力

　漢語は並んで連結してどんどん長くなります。役所の組織名などはそういった漢語の造語力をフル活用しています。「地域福祉保健部」「成長戦略推進部」「高齢健康福祉部」「文化芸術創造都市推進部」などという漢語連続のネーミングがオンパレードです。

　これらは、日本人にとっても難しいと思いますが、外国人にはなおさらです。部署の名前など、漢語連続の長いネーミングを使うときは、注意が必要です。長いからといって勝手に言い換えることはできませんが、そこが難しいとわかっていれば、対応は可能です。紙にメモをして渡してあげる、部署名ではなく番号で教える、一緒について行くなど、親切な対応は可能です。

5 外来語はほどほどに

意味がつかみにくい外来語に要注意

POINT

外来語には、日本人にも伝わらないもの、日本人はわかるけれど、外国人には伝わらないものなど、いくつかのレベルが存在します。

- お役所外来語は外部の人（日本人・外国人ともに）には使わない
- 日本人は理解できても、外国人に難しい外来語はあるため、難しい外来語を把握し、なるべく使わない
- 英語起源だからといって外来語が伝わるわけではないことを理解する

お役所外来語に注目する

「外来語が多すぎる」というクレームは新聞の投書などでよく目にします。このストレスは、ときに放送局を相手取った訴訟に発展することもあります。ところが外来語と一言で言っても内実はさまざまです。日本語にばっちり定着している「コーヒー」「パン」のようなものから、まだ定着が浅い「ガイドライン」「アセスメント」のようなものまであります。後者は、役所のウェブサイトで見かける言葉ですが、日本人にもしっかりとは定着していないことがわかっています（だからクレームにつながるのです）。本項ではこういった言葉を「お役所外来語」と呼びます。日常的に定着しているものから日本人にも理解できないものまで外来語はバリエーションがとても広いため、一律に使用禁止としてしまうと大混乱となります。

お役所外来語は「ガイドライン」「アセスメント」「ガバナンス」「アウトソーシング」「コミュニティー」「コンソーシアム」「モニタリング」「ユニバーサルデザイン」「アクションプログラム」「アカウンタビリティー」

などがありますが、これらはすべて国立国語研究所から使用を控えるように提案が出ている 176 語からピックアップしました[3]。

　国立国語研究所はすでに綿密な調査を行い、それぞれの用語の理解率を公開しています。その中で上記のものはどれも日本人一般の理解率が低いものです。特に、ガバナンス、コンソーシアムについては、日本人の1割も理解できないことがわかっており、外国人に使ったら当然、まったく通じないでしょう。

業務はすべてアウトソーシングしているので、アセスメントはガイドラインにのっとったアクションプログラムで、ユニバーサルデザインになっているはずです！

その説明はアカウンタビリティーの欠如でないかい？

国立国語研究所の言い換え提案

　お役所外来語は、業界用語であり専門用語です。職員同士が話している分にはまったく問題ありません。むしろ、そのほうが情報伝達もスムーズにいくでしょう。問題になるのは、それを外部向けに使ってしまったときです。**相手に合わせて柔軟に使い分けることが重要**でしょう。

　国立国語研究所は、外来語の言い換え案として、以下のような漢語言い換え案を公開しています。日本人と中国人には、それなりに効果はありそうですが、他の外国人には言い換え後も難解です。こういった語彙を使わずに伝達を図ることが大事になります。

ガイドライン	➡	指針
アセスメント	➡	影響評価
ガバナンス	➡	統治
アウトソーシング	➡	外部委託
コミュニティー	➡	地域社会・共同体
コンソーシアム	➡	共同事業体
モニタリング	➡	継続監視
ユニバーサルデザイン	➡	万人向け設計
アクションプログラム	➡	実行計画
アカウンタビリティー	➡	説明責任

外国人にとって難しい外来語

　日本人が英語力判定に受けるのは英検ですが、外国人が日本語力判定に受けるものは日本語能力試験と言います。旧日本語能力試験は、語彙をリストアップしており、1級の語彙、2級の語彙という具合に、言葉にレベル判定を付与していました（2010年より新試験になりリストは非公開）。旧試験で1級という一番難しいレベルの語彙から外来語を拾ってみました。

　「アクセル」「アプローチ」「アマチュア」「インフレ」「オートマチック」「カンニング」「キャリア」「クレーン」「コーナー」「シート」「シナリオ」…などですが、こういったものは外国人には難しいということが言えます。意外と身近なものが1級なんですね。こういった難しい言葉はなるべく使わないように心がけましょう。

　何が1級で何が4級かわからないという方はウェブサイト『チュウ太の道具箱』（第6章参照）をご利用ください。あくまで公開されているのは旧試験の基準ですが、言葉の難易度を測る目安にはなります。

外国人だからこそ外来語は難しい

「外来語は基本的に英単語が起源なんだから、外国人ならわかるんじゃないか」と思われるかもしれません。第1章で示したように、そもそも英語がわかる人は少ないので、英単語は伝達効率が悪いのですが、**英語話者にとっても外来語は難しいのです。**

まず日本語と英語で違う呼び方をしているものがあります。いわゆる和製外来語がそうです。上記旧試験1級の例では「アクセル」がそうで、gas pedal（米）や accelerator（英）のように英語と違う単語を使っている場合、意味を類推することができません。

次に、音の構造の問題があります。日本語はすべての子音に母音を足さないとしっくりこない言語のため、発音が元の英単語の音と大きくずれてしまいます。日本語の「アプローチ」は [a-pu-ro-o-chi] と母音がたくさん挟まりますが、英語の "approach" は [ə-p-róu-tʃ] と母音が2か所にしか入りません。

参考文献（第4章）

注：★のついている資料は、web上で検索すると閲覧することができます
（2020年8月現在）

1 横浜市（2017）「『やさしい日本語』で伝える（第4版）」★

2 徳井厚子（2020）『改訂版　多文化共生のコミュニケーション —— 日本語教育
   の現場から』アルク

3 国立国語研究所「外来語」委員会（2006）『分かりやすく伝える　外来語言い換
   え手引き』ぎょうせい

COLUMN④
第三者返答にご注意

　外国人の対応に慣れていないとどぎまぎします。外国人恐怖症などという言葉がありますが、特に顔立ちが異なる外国人（東アジア以外の外国人）が近づくと日本人は緊張して変な反応をしてしまうようです。

　1975年に出た『閉された言語・日本語の世界』（①）では、外国人に対して日本人が変な振る舞いをしている実例をたくさん紹介しています。その背景に、「外国人には日本語が通じない」という思い込みがあることを同書は指摘しています。現在も外国人恐怖症を克服できたとは言えません。2008年7月29日の中国新聞の4コマ漫画『ちびまる子ちゃん』に、外国人に日本語で話しかけられても「オレ…英語ぜんぜんわかりません」とおどおどするひろし（まる子の父親）が出てきます。

　外国人恐怖症は、ときに失礼な振る舞いとなって出現します。外国人Aと日本人Bが一緒にいる状況で、外国人Aが見知らぬ日本人Cに日本語で声をかけたとします。多くの日本人Cは、話してきた外国人Aではなく日本人Bに返事をするなんていう調査結果が出ています。こういう現象を「第三者返答」と言います（②）。窓口でも同じことが起こっているとしたら困りものです。

　ちょっと想像したらわかりますが、Aの外国人は不愉快ですよ〜。同じように、車いすに乗った人Aと介助者Bが一緒にいて、AがCに話しかけたとしても、CはBに答えるとされています。外国人対応と身体障がい者対応が同じだという話です。どうも私たちは、慣れない人に接すると、どう振る舞っていいのかわからなくなるようです。ここでの教訓はシンプルです。誰かが話しかけてきたら、話しかけてきた本人に返事をするということ。そして、その人が日本語で話してきたら日本語で返すこと。落ち着いてやれば簡単なはずです。

①　鈴木孝夫（1975）『閉された言語・日本語の世界』新潮社
②　オストハイダ・テーヤ（2005）「"聞いたのはこちらなのに…"―外国人と身体障害者に対する『第三者返答』をめぐって―」『社会言語科学』7（2），pp.39-49

第 5 章

窓口対応で役立つ！

ピンポイント

テクニック

1 指示ははっきり伝える

ぼかさず、しっかり明快に

POINT

あいまいな言い方は伝わりません。相手にしてほしいことは、ぼかさず明快に伝えましょう。

- あいまいな言い方を避け、「書いてください」「読んでください」のように、「〜してください」で伝える
- 指示は最初に、漢語は和語に変えて、具体的に伝える

あいまいな言い方をしていませんか？

やさしい日本語での窓口対応のポイントに共通しているのは、「あいまいな言い方をしない」ということです。

窓口対応の日本語では、特に、あいまいになりがちで、伝わりにくい表現があります。それは、「指示」の表現です。ご自分の窓口対応を思い出してみてください。次のような言い方をしていませんか。

- じゃあ、次はこちらに記入していただいて……
- 見せていただいてもよろしいですか？

上記はともに、相手にしてほしいことを伝える、つまり「指示」なのですが、日本語では相手に指示をはっきり伝えることは失礼な印象を与えるので、上のようにぼかして言うことが多いようです。

外国人が最初に勉強する指示の表現は「〜してください」

　一般的に、外国人が日本語を勉強するときに最初に習う指示の表現は「〜してください」です。これを言われてわからない外国人はまずいません。

　相手にしてほしいことがあったら、「書いてください」「読んでください」のように、「〜してください」で伝えてください。

✖ NG　あいまいにぼかして指示を伝える

> ちょっと在留カードを見せていただいてもよろしいですか？
> はい。じゃあ、次はこちらに記入していただいて……。
> あ、この書類は、○○課に行っていただいて、提出していただくような形になります。

> はあ……。

⬤ OK　「〜してください」と明確に指示する

> 在留カードを見せてください。
> はい。じゃあ、次はここに書いてください。
> あ、この書類は、○○課で出してください。

> はい、わかりました！

■「～してください」と併せて覚えたいテクニック

「～してください」を使うことで、外国人は自分が何かをしなければならないのだということがはっきりわかります。ここではその他に、「～してください」と併せて覚えていただきたいポイントをご紹介します。

「相手にしてほしいことを伝えるときは、相手がわかる言葉ではっきり言う」ということを心がけてください。

❶指示は最初に

第3章でも結論を先に話すことが大切だと述べましたが（56頁）、指示も同じです。相手にしてほしいことは最初に伝えるようにしましょう。日本語は状況や理由を説明した後、相手にしてほしいことをあいまいにぼかして伝える（してほしいことを察してもらおうとする）傾向がある言語です。次の例を見てください。

届出時の本人確認に関するお知らせ

　最近、第三者により本人の知らない間に住民異動届がなされるという事件が全国的に発生しています。これらの事件では、不正に取得した住民票が犯罪に使われるなど、被害にあわれた方やその家族に大きな精神的苦痛を与えております。

　そこで、〇〇市では第三者からの虚偽の届出を防止するため、窓口において届出人の本人確認のための身分証明書（運転免許証、パスポート、在留カード、特別永住者証明書、マイナンバーカード（個人番号カード）、住民基本台帳カード、健康保険証、年金手帳、社員証、学生証、預金通帳、キャッシュカードなど）を提示していただいております。

　本人確認ができない場合は、至急の各種証明書の請求にはお応えできません。

言いたいことは、「証明書の請求には本人確認が必要です。身分証明

書を持ってきてください」ということです。最初の段落は状況の説明や本人確認をする理由が書いてあるのですが、はっきり言って、読む必要はあまりありません。

　このようなことは、文書だけでなく話すときにもよく見られます。**相手にしてほしいことは最初に具体的に伝え、必要があればその理由を後で付け加える**という話し方をしてください。そうすれば、相手は何をしなければならないか、それはどうしてなのか、がはっきりわかります。

❷漢語は和語に

　第4章でも述べたとおり、漢字の言葉をひらがなの言葉に変えてください。

　例えば93頁の会話例では**「記入して」**は**「書いて」**に、**「提出して」**は**「出して」**に変えます。漢字が続く言葉は、多くの外国人にとって難しい表現です。漢字がわかる中国語圏の方にとっても、文書とは違い、話し言葉になると難しい表現です。そのため、話すときは漢字の言葉はひらがなに変えたほうが、伝わりやすいです。

❸具体的に

　具体的に伝えることも大切です。

　例えば、「薄い筆記具のご使用はお控えください」という指示を「〜してください」を使って言い換えると、「薄い筆記具は使わないでください」となりますが、これでもまだ意味がよくわかりません。「薄い筆記具」というのが「鉛筆」だと考えると、「鉛筆は使わないでください」となりますが、「じゃあ、いったい何を使えばいいの？」ということになります。使ってほしい筆記具を明示して、「ボールペンで書いてください」とすれば、間違いなく伝わります。

　このように、何をどのようにしてほしいのか、を具体的に伝えることが大切です。

2 相手の呼び方を統一する

誰のことかを明確にすべし

POINT

　相手を呼ぶとき、「お客さま」「お母さま」「奥さま」等の複数の呼び方を混ぜると混乱してしまいます。呼び方を統一しましょう。

- 相手のことは名前で呼んでみる。（これが最も確実な呼び方）
- 相手の親族の呼び方も統一する。「ご主人さま」「お父さま」などを混ぜて使わない

相手の名前を呼んでみる

　窓口に来た方を、どのように呼んでいますか？

　「あなた」「君」と呼ぶことは少ないのではないでしょうか。

　では、相手に話しかけたいときはどうしていますか？

　窓口対応だと、「あなた」に相当する表現は「お客さま」です。他にも、相手が女性の場合、話の中の人間関係によって、「奥さま」「お母さま」「お嬢さま」と呼びかけることがあるかもしれません。

　相手が外国人の場合、この「あなた」の部分を統一することが大事です。日本人にとっては、このような呼び方の使い分けはあまり難しくないのですが、「お客さま」「奥さま」「お母さま」「お嬢さま」と呼び方が変わってしまうと、外国人は誰のことを話しているのかわからなくなり、混乱を招いてしまいます。

　「お客さま」で統一してもかまいませんが、ここは少し勇気を出して、相手を「○○さん」と名前で呼んでみてはどうでしょうか。**「○○さん」に統一すれば人間関係によって呼び方は変わりませんし、誰のことを指しているか明確**です。名前を呼ばれて喜ばない人もいません。ぜひ試してみてください。

親族の呼び方も統一する

　相手の呼び方と同じように、相手の親族の呼び方も「ご主人さま」「お父さま」／「奥さま」「お母さま」／「お子さま」「息子さん・娘さん」と使い分けるのではなく、どれかに統一してください。可能であれば、親族の場合も名前を呼んでみてもいいかもしれません。

✖ NG 相手の呼び方を統一していない

> お客さま、こちらへどうぞ。
> じゃあ奥さま、こちらにご記入ください。
> あ、お母さま、お子さまは何人でしょうか。

> ええと……。

◯ OK 相手の呼び方を統一する

> 陳さん、こちらへどうぞ。
> じゃあ陳さん、こちらに書いてください。
> 陳さん、子どもは何人いますか。

> はい。2人です。

日本語の呼び方は複雑

　窓口対応でどのような呼び方が使われているか、少し例を挙げてみましょう。

（目の前の女性に対して）	➡	お客さま／奥さま／お母さま
（目の前の男性に対して）	➡	お客さま／ご主人さま／お父さま
（目の前の女性の夫について）	➡	ご主人さま／お父さま
（目の前の男性の妻について）	➡	奥さま／お母さま
（目の前の相手の母について）	➡	お母さま／おばあさま
（目の前の相手の父について）	➡	お父さま／おじいさま
（目の前の相手の息子について）	➡	お子さま／息子さん／お兄ちゃん／弟さん
（目の前の相手の娘について）	➡	お子さま／娘さん／お姉ちゃん／妹さん

　特に子どもが関係する窓口では、このような複数の呼び方が飛び交っています。

　どうしてこのようにたくさんの呼び方が使われているのでしょうか。

それは、日本語では、話し手が自分の立場を相手の家族の中のいろいろなところに置くことができるからです。

　イラストの４人家族の場合、④が窓口に来たときの呼び方は、お客さま、奥さま、お母さま、などです。また、④の立場に立って家族を呼ぶと、①＝ご主人さま、②＝息子さん、③＝娘さん、ですが、③の立場で家族を呼ぶと、①＝お父さ

ま、②お兄ちゃん、④＝お母さま、となります。

　このように日本語ではさまざまな呼び方を使い分けているのです。

「あなた」を使えないなら、「お客さま」で統一

　英語では、"You"と呼びかければ、目の前にいる相手のことになりますが、日本語で「あなた」や「君」が使われるのは限られた場面です。

　例えば、「あなた」は、夫婦間で奥さんがご主人を呼ぶとき、年配の女性が友人を呼ぶときなどに使われます。「君」は、男性上司が部下を呼ぶときなどに使われます（最近はだいぶ少なくなっていますが）。

　また、「あなた」や「君」を、目上の人に使うことはほぼありません。つまり、日本語の窓口対応では、目の前の相手に「あなた」や「君」と呼びかけることはできないと言っていいでしょう。

　一方、外国人の母語はというと、どのような相手でも"You"に相当する表現を使って話す言語が比較的多いようです。そのため、**日本語でも"You"に相当する表現がないと、説明がわかりにくくなってしまう**ことがあります。

　女性に対する"You"には、「お客さま」「奥さま」「お母さま」など、男性に対する"You"には、「お客さま」「ご主人さま」「お父さま」など、さまざまな呼び方があります。日本語では、自分を目の前の相手の子どもの立場に置いて、相手のことを「お母さん」「お父さん」と呼ぶことができますが、外国語では、目の前の相手に対して、自分の父母でない人を「お母さん」「お父さん」と呼ぶことができない言語もあります。

　そのため、窓口対応の場合、目の前の相手を呼ぶときは、「お客さま」で統一するのがよいでしょう。最初に述べましたが最も確実なのは、相手を「○○さん」と名前で呼ぶことです。

3 婉曲表現でぼかさない

「やさしい日本語でよろしかったでしょうか?」

POINT

サービス現場では婉曲表現がよく使われますが、外国人にとってはわかりにくくなります。使わないようにしましょう。

- 「〜のほう」「〜になります」「〜させていただくような形になります」という表現に意味はないので、使わないようにする
- 「わかりやすさ」を優先するなら思い切って「丁寧さ」は捨てる

婉曲表現は使わない

サービスの現場では、丁寧さを表現するために、婉曲的な表現が多く使われています。いわゆる「マニュアル敬語」がその一つです。例えば、以下のような表現です。

・そちら**のほう**に記入していただけますか。
・お子様**のほう**は、学校**のほう**の手続きはお済みですか。
・こちらが必要な書類のリスト**になります**。
・今日は受付を**させていただくような形になります**。

「マニュアル敬語」は、「職場での言語使用、特に接客の場面での言語使用について具体的な言語表現などを示すもので、新入職員や臨時職員の指導に用いられるもの」ですが、以下のような問題点が指摘されています[1]。

> いつでも、どんな相手にでも、限られた言語表現だけを画一的に使うことは、相手、例えば、顧客にかえって不快な思いを与えたり、その場にそぐわない過不足のある敬語使用になったりすることにつながりやすい。（文化審議会、2007）

　婉曲表現は、外国人にとっては理解が難しい表現です。思い切って使うのをやめましょう。

✖ NG　婉曲表現でぼかして伝える

> こちらのほう、お子さまの転校の手続きの際に必要な書類のリストになりますねー。
> それで、今日は、こちらのほうに記入していただいて、受付させていただくような形になりますねー。
> 何かご不明な点、ございませんか？

> はあ……。

○ OK　婉曲表現を使わず、明確に伝える

> これは、お子さまの転校の手続きのときに必要な書類のリストです。
> 今、これに書いてください。それから、受付をします。
> わかりますか？

> はい！

婉曲表現に「意味」はない

敬語を使うだけなら、前頁の例は次のような言い方になるはずです。

> こちらは、お子さまの転校の手続きの際に必要な書類のリストでございます。
> こちらにご記入いただいた後、受付をいたします。何かご不明な点はございませんか？

　でも、サービスの現場では、わざわざ、通常の敬語に「〜のほう」「〜になります」「〜させていただきます」「〜ような形になります」などを付け加えます。それは、日本語が、表現が長くなればなるほど、複雑さが増せば増すほど、丁寧さが増すように感じられる言語だからです。

　このように、婉曲表現は文を長くするため、複雑さを増すための表現であり、単なる形式にすぎません。つまり、その表現自体に特に意味はないのです。

婉曲表現を使ってしまう気持ち

　2007年の文化審議会の答申では、「敬語の重要性」についても指摘しています。敬語は、古代から現代に至る日本語の歴史の中で、話し手が相手を立てるべき人、丁寧に扱うべき人であることを表現するために重要な役割を担っているものです。

　また、マニュアルはすべてが悪いわけではなく、敬語にまだ習熟していない人、特に、その職場に特有の言語場面での敬語にまだ不慣れな人のためには有効なものであるともされています。

　つまり、日本社会には敬語という手段を使って相手を立てる気持ちを表現するという文化があり、サービス現場に特有の敬語に不慣れな人が、敬語を使ってスムーズにコミュニケーションをするためには、敬語のマニュアルも有効なのです。

┃「わかりやすさ」を優先するなら「丁寧さ」は捨てる

しかし、「いつでも、どんな相手にでも、限られた言語表現だけを画一的に使うこと」は、人と人とのコミュニケーションとして、やはり不自然です。

「敬語の使用をすべてやめたほうがいい」と言っているわけではありませんが、大事なことは、敬語の理解が難しい外国人が目の前に来たとき、「わかりやすさ」を優先させる場合は、「丁寧さ」を捨てる勇気も必要だということです（51頁「ポライトネス理論」参照）。

特に、マニュアル敬語などに代表される婉曲表現は、サービスの現場で主に使用されていて、その表現自体が意味を持たない形式です。このような形式を使うことで、かえって混乱を招くようなら、思い切って使うのをやめてみてください。

4 「わかりましたか?」と何度も確認する

しつこいくらいでちょうどいい

POINT

　相手が理解しているかどうか、相手の様子に注意しながら、会話の途中でも確認しましょう。

- 「わかりましたか?」と確認する
- 相手の「わかりました」を過信せず、いろいろな方法で確認する
- 「確認」が「対話」につながる。相手が理解しているか、常に気を配る

┃「わかりましたか?」「ここまで大丈夫ですか?」

　自分がよく知っていることや毎日話すことだと、あまり相手の反応を見ないで話してしまうことはありませんか。でも、一方的に説明を続けると、相手に伝わらないことがあります。

　窓口に来た外国人にとって、日本の役所での手続き自体が初めてのことかもしれませんし、自分の母国にはない手続きかもしれません。異なる文化の中で、**役所での手続きを間違いのないように行うことは、外国人にとって緊張する場面**です。

　そういう場面では、お互いの誤解が生じてしまうことがあります。相手がわかっているかどうかをきちんと確認しながら話を進めることは、相手が日本人であっても外国人であっても大事なことですが、特に外国人の場合は、はっきりと言葉で理解を確認してください。

　「わかりましたか?」の他には、「大丈夫ですか?」「いいですか?」などのような表現があります。

✖ NG　相手が理解しているか、確認しない

この制度を利用したい場合は、申請書を書いて、出してください。申請書は今日、ここで書いて出すこともできますが、自宅で書いて郵送することもできます。よろしいでしょうか。

わ、わかりました……。

○ OK　相手が理解しているか、丁寧に確認する

この制度を利用するときは申請書を書いて、出してください。申請書は、わかりますか？

はい、わかります。

申請書は今日、ここで書いてもいいです。
家で書いて、郵送してもいいです。
大丈夫ですか？

「ゆうそう」……？

「郵送」は、「手紙を出す」です。
わかりますか？

何度も確認

　説明がすべて終わった後に「わかりましたか？」と聞くだけでは不十分です。会話の途中であっても、相手の様子を見ながら、「わかりますか？」「ここまで大丈夫ですか？」と確認するようにしてください。**ちょっとしつこいかな、くらいで大丈夫**です。

　ある調査[2]によると、外国人に慣れている日本人は、自分が話しているとき、相手の外国人に対して、きちんと理解できているかどうか、何度も確認していました。

相手の「わかりました」を過信しない

　前頁の NG 例では、外国人は説明を聞いた後に「わ、わかりました……」と言っています。でも、本当にわかっていると思いますか。

　外国人と英語で話すとき、わかっていなくてもつい、"I see." とか、"Yeah." とか、"Uh huh." と言ってしまうことはありませんか。

　相手はこちらがわかっていると思って話を続けますが、結局わかっていないことがバレて再度説明してもらうことになったり、あるいはわからないまま何事もなかったかのように会話が終わったりします。緊張したり、間違えてはいけないと思ったりすると、なかなか「わかりません」とは言いにくいのが人間ではないでしょうか。

　国によっては「わかりません」と表明するのは恥ずかしいことだと考える文化もあります。複雑な説明を終えた後のたった 1 回の理解確認に対する「わかりました」は、あまり信用しないほうがよさそうです。

　では、いつ相手の理解を確認したらいいのでしょうか。まずは相手のことをよく観察してください。そして、何度も確認をとること、そして、「わかりましたか」だけでなく、「この申請書、書いたことがありますか」「申請書の書き方、知っていますか」などのように、**いろいろな表現で相手の理解を確認する**ようにしてください。

■「確認」することが「対話」につながる

　「わかりましたか」「ここまで大丈夫ですか」などを使った確認は、相手の理解を確認する役割とともに、「一方的な説明」を「対話」にするという役割があります。

　105頁の２つの会話をもう一度見てください。上の会話で外国人はほとんど話していません。それに対して、下の会話では、外国人は「はい、わかります」と答えるだけでなく、「『ゆうそう』……?」と言って、「わからない」というサインを出しています。実は、**確認することは、相手に話すチャンスを与えることになる**のです。そして、相手に話すチャンスを与えることは、説明する側が、相手が理解しているかを正確に把握するために有効です。「わかりました」と言われたら成功ですが、相手から「わからない」というサインが出ることも成功です。わからないと表

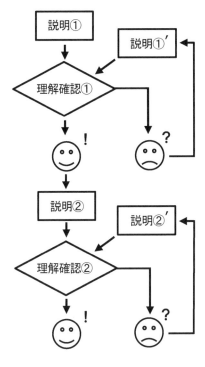

してもらえることで、説明する側は、何がわからないのかがわかり、他の方法で説明することができます。わかりやすく説明することも大事ですが、１回の説明で伝わることだけが成功ではありません。日本語教師でも１回の説明だけで理解させることは簡単なことではありません。**まずは相手が理解しているのか、していないのかを知るチャンスを作る**ことが「確認」です。もし相手が理解できていなければ、いろいろな方法でもう一度説明してください。それが、「対話」につながり、会話をしようという姿勢が「外国人の満足度」（第２章参照）につながります。

参考文献（第5章）

1 文化審議会答申（2007）『敬語の指針』
2 柳田直美（2015）『接触場面における母語話者のコミュニケーション方略 ―― 情報やりとり方略の学習に着目して』ココ出版

COLUMN ⑤
聞き手の国際化

　「やさしい日本語」は、日本語母語話者の情報発信に注目することが多いのですが、相手の発する情報を受信することも非常に重要です。外国人の話す日本語を私たちは本当にちゃんと理解できるのでしょうか。この問題点を早くから指摘していたのは音声学者の土岐哲氏で、1990年代に私たちが公平な耳を持つべきであるという提案をしています（①）。外国人の話す日本語に私たちが慣れていないことを問題視しているのです。

　もう少し掘り下げると、テレビの CM にはヨーロッパ言語話者による日本語が毎日のように流れているため、私たちはそういう音には慣れています。「わた〜しは、**きょー**とおが、**だ**いすきです。」のような日本語に強弱をのせた発話です。一方、アジアの人が話す日本語には不慣れなのではないでしょうか。

　聞き慣れない日本語を私たちが受信する際、二つの問題が起こります。一つは相手の言っていることが理解できないことです。15 頁で紹介したコメントに、相手（外国人）の言うことを理解できずに聞き返したら相手が怒り出した例がありましたね。

　もう一つは聞き慣れない日本語を話す人の人格や能力を低く評価しがちになることです。「わたちはきょとがだいしゅきです」という発話を聞いて、どんな印象を受けますか。土岐氏は公平な耳を持つことは至難の業であり、子どものうちから教育しなければならないと指摘しています。まさに聞き手の国際化は、今でも緊急の課題なのです。

① 　土岐哲（1994）「聞き手の国際化」『日本語学』13（13），pp.74-80

第 **6** 章

使ってみよう！
「やさしい日本語」の
ための便利なツール

言葉を調べるためのツール

言い換え例を見る、難易度を測る、翻訳を調べる

POINT

やさしい日本語の活用と並行して、時には多言語対応も必要です。意図を伝えるためなら翻訳も活用しましょう。

- お役所言葉の言い換え例(横浜市「『やさしい日本語』で伝える」)を見て、言い換えのコツをつかむ
- 「チュウ太の道具箱」を使って、外国人にとっての難解な語を確認する
- お役所言葉の多言語翻訳リストを活用する

専門用語の言い換え例

横浜市が公開している「『やさしい日本語』で伝える」という冊子があります[1]。これは、ガイドラインとしてさまざまなルールが書いているのですが、後半部分が語彙リストになっています。そこにはお役所言葉562語とその言い換え提案が載っています。

例えば、「予防接種」を調べると「病気にかからないようにするための注射や薬」という説明が出てきます。この横浜市の冊子は、担当課の職員と在住外国人に日本語の専門家を加えて3年かけて作り上げたものです。担当課の職員がかかわっているため、その語の定義はある程度正しいという保証があり、在住外国人もかかわっているため、やさしさにもある程度の保証があります。

562語のリストはPDFファイルとしてダウンロードすることが可能です。スマホかタブレット型パソコンに落としておけば、簡単に検索して必要な単語を探すことができます。

窓口対応をする上で、この冊子をいちいち見ながら対応することはできないと思います。しかし、困ったことがあった日に、後から読んでみると、「あ〜、そう言えばいいのか」という確認ができます。何回かそういうことを繰り返していくと、だんだん言い換えのコツがわかるようになります。

■ 外国人にとって難易度の高い言葉

　「どんな言葉が外国人にとって難しいのかわからない」という意見をよく耳にします。お役所言葉は当然難しいのですが、それ以外にも外国人にとって難しい言葉はたくさんあります。試しに**「チュウ太の道具箱」**というサイトでいろんな言葉を検索してみてください[2]。任意の言葉を入力したら「語彙レベル」のボタンを押しましょう。

チュウ太の道具箱

　例えば、「外国」「言葉」は4級という判定が出ます。これは日本語能力試験の一番簡単なレベルです。つまり、やさしい言葉ということにな

ります。一方、「難易」は級外、「行政」は１級という判定が出ます。これらは、難しい言葉であることがわかります。

　窓口でいちいちレベル判定をすることはできないでしょうが、**外国人対応がうまくいかなかったときに、後からやりとりを振り返ってみましょう。**そのときにいくつかの単語を調べて見ると、だんだん語感が冴えていくと思います。

専門語彙の多言語翻訳リスト

　アスク出版のウェブ上に、お役所言葉などを対象とした５言語対応の簡易辞書が公開されています。これは、役所で記入すべき書類などを集めた教材『日本で生活する外国人のためのいろんな書類の書き方』（アスク出版）のサポートサイトです[3]。

　教材は外国人住民が「住民票の写しの請求書」「結婚届」といった書類を書くための練習帳です。それらの書類を書くために必要な語彙について、言い換え案を載せたり、５言語訳をつけたりしているのですが、その辞書機能だけを抽出したPDFをweb上で公開しています。

　職場で必要な言語を選んでスマホやダブレット型パソコンにダウンロードしておけば、お役所言葉の翻訳辞書として使えます。語彙数が少ないところが難点ですが、在日歴の長い外国の方が翻訳しているため、訳はある程度正確です。

簡易辞書（アスク出版）

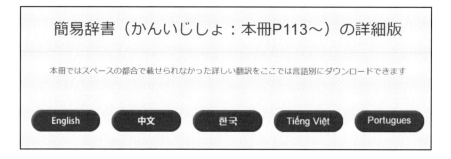

2 指差しコミュニケーションのツール

選択肢を提示する、用語・概念を説明する

POINT

　指差しコミュニケーションを活用することで、「やさしい日本語」がさらに伝わりやすくなります。

- 相手の用件を確認するなど、窓口の機能に対応したコミュニケーション支援ボードを活用する
- いつも伝達に困るような言葉は、用語・概念説明のためのシートを用意しておくとスムーズに対応できる

コミュニケーション支援ボード

　言葉（音声）だけのやりとりには、どうしても限界があります。視覚情報でどうやって補うかが「やさしい日本語」運用上のポイントになります（第4章参照）。窓口では複数の選択肢を用意して、相手がそれを選ぶというシチュエーションがありますが、そういうとき助けになるのが「コミュニケーション支援ボード」と呼ばれるものです。

　コミュニケーション支援ボードは、コミュニケーションを指差しで行おうというものです。対応する内容（相手のニーズ）が常に同じような窓口では大活躍すると思います。NPO法人ユニバーサルデザイン・結（ゆい）のウェブサイトから一つの例[4]を次頁で紹介します。ここにあるようなものを参考に、自分の担当窓口に合ったものを作成してみてはいかがでしょうか。

　なお、ウェブで検索をすると、救急車の緊急対応用のものや障碍者対応のものなど、外国人用ではないものもたくさんあります。各自治体がいろいろなものを作っていますが、それぞれのよさを生かしながら改良をして使いましょう。

コミュニケーション支援ボードの例

ご用は何ですか？
指でさしてください

What would you like to ask about？ Please touch one box.
您需要什么？ 请用手指指示一下
용건이 무엇입니까？ 손으로 지적해 주세요

福島市観光PRキャラクター
ももりん

証明書を取りにきた

Forms/ official documents.
我来开证明
증명서를 받으로 왔습니다
住民票、戸籍謄本、戸籍抄本、
印鑑証明、税金関係

自分や家族のこと

Personal or family matters.
有关自己和家属的事
본인과 가족의 일
結婚、離婚、妊娠、出産、死亡、
引っ越し、入社、退社

健康のこと

Health
有关健康问题
건강 문제
障がい、保険証、市民検診、
介護保険、医療費の払い戻し

お金のこと

Tax , Pension , Allowances
有关金钱问题
금전 문제
税金、申告、年金、
児童手当、児童扶養手当

自動車のこと

Automobile
有关汽车问题
자동차 문제
車購入、廃車、
運転免許、車検、市民交通災害共済

その他

Other matters
其他
그 외
質問、トイレ、ゴミ収集、観光名所、
バスの時刻、タクシー、犬の登録

© NPO 法人 ユニバーサルデザイン・結

用語・概念説明のためのシート

　外国人対応を頻繁に行っている自治体の窓口では、用語・概念説明のためのシートがあります。部署内で話し合って作っているようです。制度を説明するためのものが多いのですが、ここで紹介するのは用語の理解を助けるためのシートです。

　何回か外国人住民の方を対応していくと、だんだん説明が難しい言葉や概念がわかってくるはずです。**きっと毎回同じような語彙でひっかかるので、そういった用語を集めてみましょう。**

　例えば、「世帯、世帯主、世帯員、続柄」なんていう一連の用語は、家族のイラストがあれば簡単に伝わります。次頁のイラストは日本で暮らす人のための日本語教材『日本で生活する外国人のためのいろんな書類の書き方』（アスク出版）から引用していますが、こういったものがあると説明しやすくなります。お役所独特の用語というのは翻訳してもうまく伝わらない場合もあり、こういったイラストによる概念解説のほうがうまくいくこともあります。部署によって必要な語彙は違うでしょうから、工夫していろいろ作ってみましょう。

用語説明のためのシート

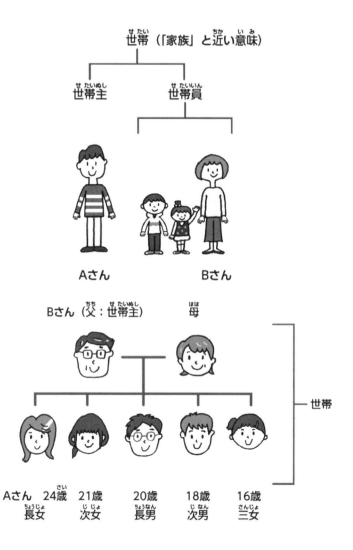

世帯（「家族」と近い意味）

世帯主　　　世帯員

Aさん　　　　　　Bさん

Bさん（父：世帯主）　　母

世帯

Aさん　24歳　21歳　　20歳　　18歳　　16歳
長女　　次女　　長男　　次男　　三女

3 翻訳アプリと電話多言語翻訳サービス

大事な情報は相手の母語で伝える

POINT

まずは「やさしい日本語」でがんばってみて、しっかり伝えておかなければいけない重要な情報がある場合、多言語対応に切り替えましょう。

- 短めの用件なら機械翻訳を使ったアプリや翻訳機を使って伝える
- 必要に応じて、電話多言語翻訳サービスを利用して、通訳を間に入れる

多言語音声翻訳アプリ「VoiceTra」(ボイストラ)

機械翻訳を使った翻訳アプリや翻訳機はすでに様々なものが普及しています。ここでは、手軽に試せる翻訳アプリの一例として「VoiceTra」[5]を紹介します。

このアプリがおすすめなのは、次頁の写真のように**バックトランスレーション(逆翻訳)ができる**ことです。これによってきちんと訳されているのかを確認することができます。

また、アプリ提供元である国の研究機関、情報通信研究機構(NICT)が自身で開発している音声翻訳技術を活用しています。この技術の日本語理解はどんどん良くなっています。数年後には同時通訳を目指しているということなので、さらなる進歩が見込まれます。

多言語音声翻訳アプリ「VoiceTra」の画像

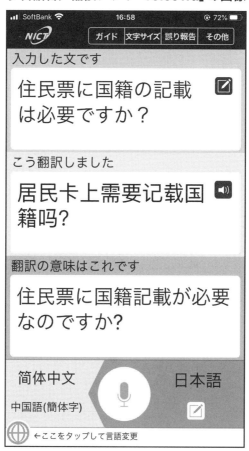

VoiceTra使用上の注意点

　使用現場の注意としては、なるべく周りの音が騒がしくない環境で使うほうがよいでしょう。また、日本語の特徴として、主語や目的語を省略しがちですが、きちんと付け加えると、的確な訳が出やすくなります。バックトランスレーションを確認しながら、的確な訳が出るまで根気よく言い換えてみるとよいでしょう。

　自治体によってはこういった機械翻訳ツールを上手に使いこなす職員さんがいらっしゃいます。慣れることでかなりのコミュニケーションがとれるようになりますので、まずは触ってみましょう。ただ、あくまで機械翻訳はピンポイントリリーフで、長い案件には通訳を介しましょう。

　なお、このアプリは個人の旅行者の試用を想定して作られた研究用アプリです。研究目的のサーバーを使用し、無料で提供しています。業務で長期的な利用は、VoiceTra 技術を活用した「ポケトーク」などの民間サービス[6]の導入を検討してください。

電話多言語翻訳サービスの利用

　ここ数年で、電話を使った多言語翻訳サービスがどんどん増えています。職場でこういった環境を整えましょう。契約内容によってさまざまですが、月に数千円程度で多言語対応ができるようなものもあります。3地点3者通話で、外国の方からかかってきた電話に第三者（通訳）が加わることが可能な形式もあり、便利になっています。

　言語の数はどこの会社も必ず 13 言語以上に対応してくれます。これは国が決めた情報発信の基準が、次のように日本語を含む 14 言語となっているためです[7]。

（14言語一覧）

日本語、英語、中国語、韓国・朝鮮語、スペイン語、ポルトガル語、
インドネシア語、ベトナム語、タガログ語、タイ語、ネパール語、
クメール語、ビルマ語、モンゴル語

　翻訳サービスには、これだけ言語の選択肢があるということを把握し
ておけば、スムーズに対応することができます。また、クメール語は何
人の言語なのかといったことも基礎知識として理解しておきましょう。

　注意点としては、使った分だけ料金が発生するため、コストがかかっ
てしまいます。そのため、本当に翻訳が必要かどうかの見極めが重要で
す。裏返せば、「やさしい日本語」の実力が問われることになります。

4 日本の制度解説と外国人相談

言葉だけでは解決できない問題もあります

POINT

　日本の諸制度に関する多言語解説や相談業務の窓口など、必要な冊子や次につなぐ別の窓口など、対応の引き出しがあると安心です。

- 「生活・就労ガイドブック」「多言語生活情報」など、日本の諸制度を解説した多言語資料を有効活用する
- ワンストップサービスの場所を確認しておいて、必要な場合はそちらにつなぐ

生活・就労ガイドブック

　窓口対応の中で、どうしても法律や制度の仕組みを話す必要に迫られる場面があります。抽象的な概念を日本語だけで説明するのは大変なので、いざというときのために多言語情報を手元に置いておくと便利です。

　出入国在留管理庁が出している「生活・就労ガイドブック」という冊子があります[8]。日本にいらした方に向けて、生活や仕事に関するさまざまな制度の解説が載っています。2019年に公開された日本語版は各省庁が短期間に作成せざるを得なかったため非常に難解ですが、「やさしい日本語」版も出ています。また、翻訳も充実しており、2020年8月現在、日本語を含む14言語の翻訳版が公開されています（14言語の内訳は123頁の「14言語一覧」に対応）。次頁の写真は「やさしい日本語」版の表紙ですが、タイトルが「生活・就労」から「生活・仕事」に変わっています（「就労」の語をやさしい日本語に言い換えて「仕事」としています）。

「生活・仕事ガイドブック」（やさしい日本語版）

多言語生活情報

　「多言語生活情報」は自治体国際化協会が作成しています[9]。外国人の方々が日本で生活するために必要な「医療」「教育」「緊急・災害時」などの生活情報を 17 項目にわたり、15 言語で説明しています。以下にあるのは「やさしい日本語」版の目次です。

このホームページには 日本 の 生活 に 必要 なことが 書 いてあります。いろいろな ことばでも 読 むことが できます。 （上の ことばを えらんで ください）
やさしい 日本 語 は 下 から えらんで ください。

A	新 しい在 留制度		J	日本 の学校	
B	在留資格		K	日本語 のべんきょう	
C	結婚 ・離婚		L	税金	
D	いろいろな手続き		M	家 を買う・かりる	
E	仕事		N	交通	
F	病気、けが		O	生活 のきまり	
G	年金		P	緊急・災害	
H	赤 ちゃんと子ども		Q	わからないことが あるとき (相談窓口)	
I	いろいろな福祉				

ワンストップセンターの活用

　窓口業務は、形式的なやりとりができれば完了するものもあれば、込み入った内容のものもあります。特に相手が込み入った相談内容を抱えている場合は、一般の窓口では対応しきれません。

　国は「外国人材の受入れ・共生のための総合的対応策」の目玉として一元的相談窓口の設置を挙げています。2020年3月現在、139の自治体がワンストップセンター（一元的相談窓口）を設置していますので、どこにつなげばいいのか確認しておきましょう[10]。

　ワンストップセンターとは、「在留外国人が在留手続、雇用、医療、福祉、出産・子育て、子供の教育等の生活に係る適切な情報や相談場所に迅速に到達することができるよう、情報提供・相談を多言語で行う一元的相談窓口」のことです。キーワードは、「多言語」「相談窓口」というところでしょうか。

　ここでいう多言語も、日本語を入れて14言語（123頁参照）が基準となっています。自治体によっては14以上の言語を揃えているところもあります。どんな言語で対応しているかを確認して、近くのセンターにつなぎましょう。

参考文献 (第6章)

注：★のついている資料は、web上で検索すると閲覧することができます
（2020年8月現在）

1　横浜市（2017）「『やさしい日本語』で伝える」PDF★
2　「チュウ太の道具箱」ホームページ
　　http://basil.is.konan-u.ac.jp/chuta/tools.html
3　アスク出版ホームページ『日本で生活する外国人のためのいろんな書類の書き方』サポートサイト
　　http://www.ask-support.com/japanese/?p=10470
4　NPO法人ユニバーサルデザイン・結（ゆい）ホームページ
　　http://www.ud-yui.com/kirokuc_bodo.html
5　多言語音声翻訳アプリ「VoiceTra」ホームページ
　　https://voicetra.nict.go.jp/index.html
6　NICTの多言語音声翻訳技術を活用した民間の製品・サービス事例
　　https://gcp.nict.go.jp/news/products_and_services_GCP.pdf
7　外国人材の受入れ・共生に関する関係閣僚会議（2019）「外国人材の受入れ・共生のための総合的対応策の充実について」★
8　出入国在留管理庁（2019）「生活・仕事ガイドブック（やさしい日本語版)」
9　自治体国際化協会「多言語生活情報」ホームページ
　　http://www.clair.or.jp/tagengorev/eja/index.html
10 出入国在留管理庁（2020）「外国人受入環境整備交付金を活用した地方公共団体における一元的相談窓口の現況について」★

COLUMN⑥
インバウンドも「やさしい日本語」で

　観光客対応を進めている方に話を聞くと「コミュニケーションの媒体は英語」という思い込みが強いと実感します。結果として、英語学習の推進や英語話者の雇用という対策を行いがちであるという指摘もあります（①）。

　ところが、観光客の国籍・地域別内訳を見ると（2018年の統計）、韓国、中国で約半数、そこに台湾と香港を足すと71％程度という状況です（②）。つまり、第1章で見てきた在住外国人と状況は変わりません。これらは日本語学習者の多い地域ばかりで、日本語が十分通じる可能性があります。国際交流基金と電通が行ったインターネット調査では、台湾・韓国の4割、香港（広東語話者のみ）の3割の人が「少しでも日本語会話が可能である」と答えています（③）。

　皆さんが、韓国旅行をするとします。ぶらりと入った食堂のオモニ（お母さん）が、ペラペラの英語でしゃべってきたらどんな気持ちでしょうか？　私ならやはりそこは、「アニョハセヨ〜」と言ってほしいです。

　日本を訪れる外国人にも同じ感覚の人はいるでしょう。あるシンポジウムでは、外国人に伝わろうが伝わるまいが接客を日本語で通す居酒屋さんが盛況であると紹介されていました。ビールやおつまみの注文くらいジェスチャーでなんとでもなります。私もあるお寿司屋さんで、大将が日本語と実物（寿司ネタや具材）を上手に使い外国人と接しておられるのを見たことがあります。お店の和風の雰囲気を伝えるためにも、「やさしい日本語」は重要だなあと思いました。

① 　藤田玲子・加藤好崇（2018）『やさしい日本語とやさしい英語でおもてなし』研究社
② 　出入国在留管理庁編（2019）「2019年版出入国在留管理（白書）」
③ 　電通（2016）「台湾・香港・韓国 日本語学習者調査結果」

おわりに

　ここ数年、日本に住む外国人は増加の一途をたどっています。「やさしい日本語」が生まれたのは約20年も前ですが、当時と比べるとやさしい日本語の認知度は格段に上がり、多くの方々にその必要性が認識されてきていると感じます。特に、外国人が必ず訪れる、自治体等の窓口は、「やさしい日本語の最前線」と言ってもよいでしょう。

　筆者らが行っている自治体職員対象の「やさしい日本語」研修では、直接外国人に対応する方から、ふだんの業務ではほとんど外国人の対応は行わないという方まで、さまざまな方が参加されます。参加者によって、やさしい日本語の必要度は異なりますが、「広くやさしい日本語について考え、全体で問題意識を共有したい」「やさしい日本語は一部で取り組むものではなく、全庁の課題である」という思いは、どの自治体からも伝わってくることです。

　「これまでは外国の方が来られると困ったな、いやだなって思っていました。でも、研修で外国人とお話ししてみて、こわがらなくてもいいんだなと思いました」
　「英語が話せないと対応できないと思い込んでいましたが、日本語でも大丈夫なんですね。自信が持てました」

　研修を通じていただくこのような感想は、やさしい日本語が日本人と外国人をつなぐことができるのだと実感させてくれます。

　本書では、「わかりやすさ」のテクニックをさまざまな形でご紹介しました。ですが、本書がもっとも大切にしていることは、単なるテクニッ

クではなく、**目の前の相手が誰であっても、相手を尊重し、コミュニケーションをしていこうとする姿勢**です。

　自治体の窓口にはさまざまな方がいらっしゃいます。そのお一人おひとりに、いつも丁寧に接していらっしゃる職員さんには頭が下がります。やさしい日本語は、決して特別なものではなく、ふだんの皆さんの姿勢を、誰でもわかることばで表現したものだと思ってください。本書がこれからの日本社会における日本人と外国人のコミュニケーションに少しでもお役に立てたら、これ以上の喜びはありません。

　本書の内容には、筆者らが自治体等で行った「やさしい日本語」研修の企画・運営者、参加者の方々からいただいた貴重なご意見と、科学研究費補助金（課題番号 22242013、25244022、24820069、26770178、17K13483）による研究成果が収められています。この場をお借りして心より御礼申し上げます。

　本書の出版にあたっては、学陽書房の村上広大さん、根山萌子さんに企画から構成に至るまで大変お世話になりました。改めて御礼申し上げます。

　そして、本書を手にとってくださった皆さんに感謝申し上げます。本書が何かの折に開かれ、やさしい日本語の輪を広げるきっかけになれば幸いです。

2020 年 9 月

岩田一成・栁田直美

動画のご紹介

　本書でご紹介した「やさしい日本語」による外国人対応について、筆者がロールプレイを行った動画を下記 URL（QRコード）からご覧いただくことができます。

　研修等で本書を利用する際の参考にしてください。

撮影協力：聖心グローバルプラザ

http://www.gakuyo.co.jp/book/b525059.html

著者略歴

岩田一成（いわた・かずなり）

聖心女子大学現代教養学部教授。大阪大学大学院言語文化研究科博士後期課程修了。博士（言語文化学）。大学を卒業後、青年海外協力隊に参加し中国で日本語教師になる。国際交流基金日本語国際センター、広島市立大学国際学部を経て現職。専門分野は日本語文法（談話レベル）。著書に『読み手に伝わる公用文——〈やさしい日本語〉の視点から』（大修館書店）、『日本語数量詞の諸相——数量詞は数を表すコトバか』（くろしお出版）、『「やさしい日本語」は何を目指すか——多文化共生社会を実現するために』（共著、ココ出版）、『日本語教育学の歩き方——初学者のための研究ガイド』（共著、大阪大学出版会）などがある。科研費を得て「やさしい日本語」関連の研究に関わる一方、ライフワークとして変な公用文や公共サインをコレクションしている。

栁田直美（やなぎだ・なおみ）

一橋大学森有礼高等教育国際流動化機構国際教育交流センター准教授。筑波大学地域研究研究科修士課程修了。博士（言語学）。大学院を修了後、中国の吉林大学で日本語教師になる。関西学院大学日本語教育センター、一橋大学国際教育センター准教授を経て現職。専門分野は談話分析。著書に『接触場面における母語話者のコミュニケーション方略——情報やりとり方略の学習に着目して』（ココ出版）、『〈やさしい日本語〉と多文化共生』（共編著、ココ出版）、『超基礎　日本語教育』（共著、くろしお出版）などがある。科研費を得て「地方自治体の窓口における外国人対応支援のための研究」を行う一方、生活で接する人の言葉遣いをじーっと観察している。

「やさしい日本語」で伝わる！
公務員のための外国人対応

2020年10月22日　初版発行
2020年11月18日　　2刷発行

著　者　岩田一成・栁田直美

発行者　佐久間重嘉

発行所　学 陽 書 房

〒102-0072　東京都千代田区飯田橋1-9-3
営業部／電話　03-3261-1111　FAX　03-5211-3300
編集部／電話　03-3261-1112
http://www.gakuyo.co.jp/

ブックデザイン／スタジオダンク
イラスト／ひらのんさ
DTP 製作・印刷／精文堂印刷
製本／東京美術紙工

住民・上司から「YES」を
引き出すノウハウ！

口下手・人見知りの著者が、納税の現場でトライ＆エラーの末に見つけた「伝え方の公式」を、伝え方に悩むすべての公務員に贈る一冊。「モノマネ話法」「価値観インストール」等、ユニークかつ実践的なノウハウが満載！

コミュ障だった僕を激変させた
公務員の「伝え方」の技術

牧野浩樹 ［著］

四六判並製／定価＝本体1,700円＋税

総務・企画部門から事業部門まで、どこの部署でも必ず役立つ！

どこに異動しても共通して必要なスキル、いわば公務員版ポータブル・スキルを「読み書きそろばん」になぞらえてピックアップ。「読む」「書く」「数字・財政」「話す」「ＩＴ」「キャリア」の６つに分類してわかりやすく解説！

どんな部署でも必ず役立つ
公務員の読み書きそろばん

林誠 ［著］

四六判並製／定価＝本体1,800円＋税